中国共产党建党100周年优秀学术成果丛书

争创先行

浙江基本实现高水平现代化研究

李 军 马淑琴 王江杭 等 著

浙江工商大学出版社
ZHEJIANG GONGSHANG UNIVERSITY PRESS

·杭州·

图书在版编目(CIP)数据

争创先行:浙江基本实现高水平现代化研究 / 李军,
马淑琴,王江杭等著. — 杭州:浙江工商大学出版社,
2020.12

ISBN 978-7-5178-4159-3

Ⅰ.①勇… Ⅱ.①李… Ⅲ.①现代化建设－研究－浙
江 Ⅳ.①D675.5

中国版本图书馆 CIP 数据核字(2020)第 213971 号

争创先行:浙江基本实现高水平现代化研究
ZHENGCHUANG XIANXING:ZHEJIANG JIBEN SHIXIAN GAOSHUIPING XIANDAIHUA YANJIU
李 军 马淑琴 王江杭 等著

策划编辑	郑 建
责任编辑	郑 建
封面设计	沈 婷
责任印制	包建辉
出版发行	浙江工商大学出版社
	(杭州市教工路 198 号 邮政编码 310012)
	(E-mail:zjgsupress@163.com)
	(网址:http://www.zjgsupress.com)
	电话:0571－88904980,88831806(传真)
排 版	杭州朝曦图文设计有限公司
印 刷	杭州高腾印务有限公司
开 本	710mm×1000mm 1/16
印 张	12.75
字 数	201 千
版 印 次	2020 年 12 月第 1 版 2020 年 12 月第 1 次印刷
书 号	ISBN 978-7-5178-4159-3
定 价	49.00 元

总　序

　　1921 年中国共产党的成立，是中国历史上开天辟地的一件大事。 2021 年，中国共产党将迎来百年华诞。 100 年来，中国共产党走过了波澜壮阔的光辉历程，从一个只有 50 多人的小党发展成为拥有 9000 多万名党员的世界第一大党，领导中国人民完成新民主主义革命，实现了民族独立和人民解放；建立社会主义制度，完成了中国历史上最广泛、最深刻的社会变革；做出改革开放伟大决策，开创了建设中国特色社会主义道路，为实现中华民族的伟大复兴指明了方向。 历史和现实雄辩地证明，没有共产党就没有新中国，没有共产党就没有中国特色社会主义事业的胜利。 中国共产党不愧为伟大、光荣、正确的马克思主义政党，不愧为领导中国人民不断开创新事业的核心力量。 中国共产党 100 年的光辉历程，犹如一幅逶迤而又气势磅礴、雄浑而又绚丽多彩的画卷。

　　高山耸峙，风卷红旗过大关。 中国共产党的百年党史就是在一个个挫折中不断成熟、在一场场考验中不断成长的奋进诗篇，如今的中国共产党已经拥有了应对挑战的丰富经验和克服困难的强大能力。 面对百年未有之大变局，党的十八大以来，以习近平同志为核心的党中央统揽国内国际两个大局，统筹推进“五位一体”总体布局，协调推进“四个全面”战略布局，把中国特色社会主义不断推向前进。 在“两个一百年”奋斗目标的历史交汇点上，党的十九届五中全会统筹中华民族伟大复兴战略全局和世界百年未有之大变局，提出了到 2035 年基本实现社会主义现代化远景目标，中国共产党将带领全国人民开启全面建设社会主义现代化国家、实现中华民族伟大复兴中国梦的新征程。

全面总结、系统阐释党的光辉历程是理论界义不容辞的责任。我校作为一所习近平同志在浙江任职期间亲自视察并寄予厚望的省重点建设高校，发挥在哲学社会科学领域的优势，宣传、阐释浙江乃至全国各地在党的领导下开展的伟大实践和探索，是我们的使命与担当。为此，我们筹划了这次"中国共产党建党100周年优秀学术成果丛书"出版工作。对于浙江工商大学来说，这套丛书在2021年出版发行具有双重意义。首先，这套丛书是我们向建党100周年的献礼工程，其次，2021年我们将迎来学校110周年校庆，因此，这套丛书的出版发行也是校庆系列活动中的标志性项目。

浙江工商大学110年的校史与中国共产党100年的党史是紧密交织在一起的。我校的前身是创建于1911年的杭州中等商业学堂。这是浙江省新式商业教育之先驱，也是当时全国最早创办的商业专门学校之一。1921年后，当中国共产党人为民族解放和人民幸福前赴后继、英勇奋斗时，学校在军阀混战、抗日战争和解放战争相继发生的旧中国，坚守实业救国初心，以传承实业教育为己任，筚路蓝缕、艰辛办学，学校数易其名、屡迁校址。1949年新中国成立、中国共产党成为执政党后，学校迅速完成了从旧高商向新高商的转变，进入历史新纪元，1963年，学校由商业部直属，更名为杭州商业学校，列为全国重点学校。党的十一届三中全会开启了改革开放历史新时期，社会急需大量商业管理人才，学校进入了一个崭新的发展时期，实现了一个又一个跨越：1980年，国务院批准建立杭州商学院，学校升格为本科大学；1990年获得硕士学位授予权；2003年获得博士学位授予权；2004年，教育部批准杭州商学院更名为浙江工商大学；2015年，学校被确定为浙江省人民政府、商务部和教育部共建大学；2017年学校被确定为浙江省重点建设高校。目前，学校正在按照2020年末召开的学校第三次党代会确定的战略目标，全力冲刺"双一流"，建设卓越大学，奋力标定在全国乃至世界高等教育中的新坐标。

回望学校110年办学历程，特别是新中国成立以来，我校始终坚持正确办学方向，与时代同呼吸，与祖国共命运。在我校的办学历史中涌现了爱国民主先驱、新中国首任粮食部部长章乃器，著名经济学家、国家计委副主任骆耕漠等一大批杰出校友。 可以说，浙江工商大学就是一所传承红色基因、怀揣实业兴国梦的高校。 从这个角度来看，浙江工商大学 110 年校史就是中国共产党 100 年党史的缩影。

在百年党庆和 110 年校庆的交汇点上，浙江工商大学组织全校力量编写这套丛书，热情讴歌党的丰功伟绩，唱响校庆活动的红色旋律。 丛书选题、编写工作从 2020 年初就开始酝酿，2020 年 5 月在全校范围征集"庆祝中国共产党建党 100 周年等重点选题和优秀研究成果"，经过专家评审、选题凝练，7 月确定丛书总体框架、各分册主题和内容，随后进入书稿撰写阶段。 此后，编写组还多次召开集体研讨会，研究书稿撰写、统稿、出版工作。 目前呈现在读者面前的是丛书的第一辑，随后各分册会陆续出版发行。

这套丛书涉及政治学、历史学、管理学、法学、经济学、统计学、语言学等学科，涵盖党的历史、现代化建设、党建业务、社会治理、经济发展、对外交流、数字经济等多个主题。 各分册从不同视角展现了浙江儿女、全国人民在中国共产党的领导下投身革命救亡图存、改革开放发展经济、走在前列实现跨越的伟大实践与探索。 我们希望这套丛书能够进一步激发社会各界的爱党爱国热情，进一步坚定广大读者的"四个自信"，进一步鼓舞全国人民在党的领导下建设社会主义现代化国家的冲天干劲。

这套丛书的编写、出版过程凝结了各分册作者、学校人文社会科处、浙江工商大学出版社相关同志的心血，在此致以问候！ 浙江省委宣传部、浙江省社科联、浙江省委党史研究室等部门相关领导和同志对丛书的整体定位、选题、编写工作给予了大量指导，一并表示衷心感谢！

陈柳裕

2020 年 10 月

序

　　在全面建成小康社会胜利在望、开启全面建设社会主义现代化国家新征程之际，浙江省委十四届八中全会以习近平新时代中国特色社会主义思想为指导，深入学习贯彻党的十九届五中全会精神，提出了争创社会主义现代化先行省的目标，到2035年浙江省将基本实现高水平现代化，成为新时代全面展示中国特色社会主义制度优越性的重要窗口。全会审议通过《关于制定浙江省国民经济和社会发展第十四个五年规划和二〇三五年远景目标的建议》提出了浙江省争创社会主义现代化先行省的具体使命和要求，即更加突出以人为核心的现代化，努力实现数字赋能现代化先行、产业体系现代化先行、科技创新现代化先行、农业农村现代化先行、对外开放现代化先行、省域治理现代化先行、文化建设现代化先行、生态文明现代化先行、公共服务现代化先行、人的现代化先行。这既是全省人民的共同奋斗目标，也是研究工作者的重大研究课题。

　　"现代化"是工业革命以来全球各国普遍兴起的重要发展主题。新中国成立后，中国共产党对社会主义现代化建设进行了艰辛探索。在改革开放新时期，党和国家对推进社会主义现代化建设多次做出战略部署。党的十九大提出全面建设社会主义现代化强国的宏伟目标，其重大意义不仅是世界上最大的发展中国家将实现现代化，比现在所有发达国家人口总和更多的中国人民将步入现代化行列，而且也将向全世界展示一条具有中国特色、中国经验的现代化成功之路。

　　新中国成立70多年来，社会主义现代化建设取得了举世瞩目的成就，创造了现代化的"中国速度"与"中国质量"，也逐步形成了现代化的中国理论、中国模式与中国实践。 正如新中国 70 多年来社会主义理论与实践探索创新而形成了马克思主义中国化的新时代中国特色社会主义思想，新中国 70 多年来社会主义现代化基于丰富实践与成功经验而形成的"中国方案"、"中国模式"，业已成为中国乃至世界现代化发展的重要范式，成为体现中国特色社会主义道路自信的基本依凭。 具有"三个地"强大优势的浙江省乘着改革开放伟大实践的强劲东风，以"干在实处、走在前列、勇立潮头"的历史担当，在社会主义市场经济发展与制度环境革新的双元驱动下，创造了现代化中国模式的一个生动缩影、一种发展范例、一部辉煌乐章。

2003 年，浙江省委提出"八八战略"，成为指导浙江经济社会发展以及现代化建设的重大方略，一方面推进了浙江经济发展向高质量发展阶段跃升，促进了浙江经济现代化模式与路径的转换；另一方面将浙江现代化发展向经济政治社会文化生态等全面推进，全面现代化成为浙江现代化的发展要义。 党的十九大引领浙江现代化建设进入新时代，全省上下深入贯彻习近平总书记重要指示精神和党中央决策部署，坚持一张蓝图绘到底，推进"八八战略"再深化、改革开放再出发，突出"四个强省"工作导向，实施富民强省十大行动计划，建设"六个浙江"，扎实推动中国特色社会主义在浙江的生动实践，为开启高水平全面建设社会主义现代化新征程、努力成为新时代全面展示中国特色社会主义制度优越性的重要窗口奠定了坚实基础。

浙江既是中国改革开放的实践前沿，又是中国现代化建设的发展前列，也理应成为中国特色社会主义现代化理论研究的前驱。 事实上，这些年浙江在探索中国特色现代化建设模式与路径方面已经形成阶段性的重大成果，包括积极探索形成社会主义现代化的驱动模式，初步构建社会主义现代化的政策体系，系统积累社会主义现代化的经验谱系。 浙江地属东海之表、吴越故地，自古以来就有"物阜民丰""人杰地灵"之称，这片只占全国地域面积 1.1% 的"七山一水二分田"大地上正在发生历史性变革，创造了省域 GDP 总量达到世界国家前 20 位水平的奇迹。 系统梳理浙江作为中国高水平现代化建设先行省份的发展模式与路径，进而探析新时代长三角区域一体化战略下省域、区域高水平现代化的发展模式与路径，应是研究工作者助力国家现代化建设、奋力打造"重要窗口"的时代学术使命。

《争创先行：浙江基本实现高水平现代化研究》厘清现代化的理论基础和理论路径，借鉴现代化先行国家的经验，设计高水平现代化的评价指标体系，寻绎浙江现代化建设的历史进程，缕析长三角一体化下浙江高水平现代化建设综合评估，探讨长三角一体化下浙江基本实现高水平现代化目标的比较优势，提出浙江基本实现高水平现代化目标的路径与对策，努力以省域现代化先行为全国现代化建设探路。主要内容包括以下 6 个方面：（1）现代化的理论基础与理论路径。主要诠释国外现代化的理论体系、中华人民共和国成立以来社会主义现代化理论探索、改革开放以来社会主义现代化理论研究，分析长三角一体化推动现代化的理论路径以及社会主义现代化理论的浙江内涵。（2）现代化的路径与国别经验。以世界 3 次现代化浪潮为主线，揭示现代化推进路径、规律及趋势，取样日本、德国、韩国、美国、英国、新加坡 6 个现代化先行国家，分析其建设现代化进程中采取的政策、存在的问题，总结其经验和教训，给出 2035 年浙江基本实现高水平现代化的主要启示。（3）浙江基本实现高水平现代化评价标准与指标体系。立足省情社情，结合现代化理论，浙江基本实现高水平现代化的评价标准是：在"八八战略"指引下，从"高速度增长"转向"高质量发展"，全方位追赶现代化先行国家，努力打造社会主义现代化强省，先行基本实现高水平社会主义现代化，构建产业、科技、城市、开放、消费、生态、文化、收入、教育、卫生以及政府治理"11 个方面"，精选 33 项指标的"浙江 2035 年社会主义现代化建设指标体系"。（4）长三角一体化下浙江基本实现高水平现代化比较优势。分别从基础现代化的比较优势、动力现代化的比较优势、开放现代化的比较优势、福利现代化的比较优势 4 个层面评估分析浙江、上海、江苏、安徽现代化建设的静态和动态比较优势。（5）长三角一体化下浙江基本实现高水平现代化建设评估。厘清浙江现代化建设的模式与路径的历史沿革，对标美国、英国、日本、德国、韩国、新加坡 6 个现代化先行国家，分别对产业、科技等 11 个领域，测算浙江与上海、江苏、安徽现代化单项进程指数、追赶指数，并进行综合测算；统筹考虑 6 个先行国家等情况，静态评估浙江与上海、江苏、安徽政府治理现代化的进程和水平。（6）长三角一体化下浙江基本实现高水平现代化建设目标与对策。基于长三角一体化区域高水平现代化协同政策体系，提出浙江基本实现高水平现代化建设目标任务，针对优势与短板，提出浙江 2035 年建设社会主义现代化强省的对策建议。

　　本书是基于我主持的省委政研室和省政府政研室委托与招标重大课题"浙江高水平全面建设社会主义现代化的分阶段目标与评价指标体系研究"

和"浙江 2035 年社会主义现代化建设目标任务研究"，经团队研究人员通力合作、共同完成的成果。 课题组成员主要是来自浙江工商大学和浙江省商务厅有关专家学者，具体包括浙江省商务厅张钱江副厅长，浙江工商大学经济学院马淑琴教授、杭州商学院王江杭博士、统计学院陈钰芬教授、公共管理学院徐越倩教授、人文社科处高燕教授、工商管理学院徐蕾副教授以及经济学院王海副教授、王文治副教授、孙豪博士、程艳教授、徐元国副教授，浙江省商务厅方晓处长、周梦赟主任科员，等等。 作为一本研究浙江省域现代化进程的书籍，此书与其说是研究者的精神产品，毋宁说是浙江人民现代化奋斗实践的总结提炼。 时值此书付梓之际，我要衷心感谢省委、省政府政研室领导对我们"现代化"研究团队的信任和支持！ 衷心感谢盛世豪、徐大可、朱李鸣、徐剑锋、张旭昆、兰建平、于晓飞等专家对于浙江现代化这一课题的研究框架、研究思路和研究立意等的精心指导！ 衷心感谢浙江省新型重点专业智库浙商研究院、浙江省文化产业创新发展研究院、浙江省哲学社会科学重点研究基地东亚研究院以及浙江工商大学商业史研究院对本书顺利出版的支持！ 感谢研究团队全体成员秉持严谨态度并付出艰辛劳作！

由于时间及资料数据掌握等原因，本书难免存在舛误，权作引玉之计，敬请不吝指正。

李军　谨识于杭州
2020 年 10 月

C目录
Contents

1

导　言

1.1　研究问题的提出

浙江省委十四届八中全会深入学习贯彻党的十九届五中全会精神，提出了到 2035 年浙江"将基本实现高水平现代化，成为新时代全面展示社会主义制度优越性的重要窗口"。 加快推进区域协调发展，努力探索一体化与现代化协同发展的理论与实践，争创社会主义现代化先行者是浙江"十四五"时期的工作重点之一。 区域一体化对现代化有着重要影响。 伴随着现代化进程的推进，区域现代化非对称性发展成为现代化发展的重要瓶颈，探究现代化的经济地理边际与空间地缘路径，成为现代化的理路与实践焦点所在，从理论上经济学家试图探究区域一体化与现代化的经济理路，从实践上则相继呈现出城市群、经济带、湾区等复合概念与发展实体，推进了一体化与现代化的协同发展。 步入习近平新时代，区域一体化结构性改革与现代化高水平发展逐渐成为推进供给侧结构性改革、寻求经济高质量发展的重要内涵，探究新时代现代化模式创新，构建一体化引致下现代化跃升路径，是新时代现代化的理论与实践要义。

区域一体化下浙江高水平现代化建设，蕴含"高水平"的现代化建设预设，高水平涉及两大方面：第一，现代化水平向现代化先行国家趋近，即如何在既有现代化基础上，进一步发挥内源优势，基于长三角一体化区域协同现代化的经济地理基础，加速推进浙江现代化进程，使得浙江现代化在发展水平上得到跃升。 第二，则是现代化发展模式与现代化发展路径向现代化先行国家的趋近甚至迭代，即如何在新时代通过供给侧结构性改革与经济高质量发展的系统嬗变，更易现有要素密集型经济发展模式、要素密集型现代化发展模式，将现有以制度环境驱动与市场经济引致的现代化发展方式进一步向纵深推进，形成具备发展效率、发展可持续性与发展特色的浙江现代化模式与路径，进而形成高水平现代化建设的浙江实践与浙江范本。 将上述现代化建设的理论预设转化为具象实践，则需要将浙江现代化建设置于区域一体化视阈下。 具体而言，是将浙江现代化与长三角一体化战略融合，发挥现代化建设中的浙江既有优势，与此同时配置利用长三角一体化区域的各类经济要素、制度禀赋与协同优势，将浙江现代化的制度禀赋依赖与市场经济依存向经济地理空间与价值链深度拓展，形成浙江高水平现代化的制度拓展边际、经济地理拓展边际，通过区域一体化下制度、市场与要素的协同配置，形成浙江高水平现代化的契约集约边际与市场经济集约边际，形成现代化建设内源挖潜与外源赋能双元驱动的浙江现代化发展模式与发展路径，将浙江建成国内大循环战略支点、国内国际双循环的战略枢纽。

当前，中国经济社会发展的国内外环境发生了显著变化，浙江省作为改革开放的先行地，其基本实现高水平现代化建设目标亦被置于一个新的发展环境中。 这要求浙江谋求基本实现高水平现代化建设目标，以"加快构建完整的内需体系，逐步形成以国内大循环为主体、国内国际双循环相互促进的新发展格局"为依托，更好地衔接长三角区域一体化战略，构建长三角一体化下浙江基本实现高水平现代化的建设目标体系与政策体系。

伴随着长江三角洲一体化战略的提出，探究长三角一体化下现代化的高水平建设路径成为现代化研究的新议题。 围绕一体化的内涵、一体化对于现代化的影响机制，一体化区域的现代化内涵更为丰富，在一体化与现代化的经济关联视域下，探讨一体化区域的现代化问题，成为亟待解决的理论与现实问题。

1.2　研究问题的背景与意义

本书以区域一体化与现代化迭代发展为主线展开研究，分别选取了基于现代化的理论体系研究的现代化发展内涵及其发展路径、现代化评价标准与指标体系及评估、现代化的比较优势协同体系，以及长三角一体化示范区高水平现代化的目标任务等问题进行研究，延拓了区域一体化推进现代化的引致边际与机制，为重新认识区域经济一体化与区域现代化之间的关系提供了理论基础。

与此同时，本书基于现代化理论体系和相关经济理论设计高水平现代化评价标准、现代化评价指标体系及基本实现高水平现代化的指标体系和评估方法，为动态多维地评估、追踪、分析长三角一体化示范区现代化省（市）域单项及综合进程水平，以及长三角一体化示范区协同现代化进程水平奠定了统计指标体系基础。

进而，本书基于国别比较研究，系统分析了长三角一体化区域"三省一市"比较优势，界别了长三角一体化区域的省（市）域比较优势梯度、区域制度质量优度与价值链梯度。此外，对正处于广域高质量发展期的中国而言，本书的研究也为有效推进建设长三角一体化示范区，打造中国区域经济一体化样本，探究区域一体化框架下现代化路径提供了诸多政策建议。

1.3　研究内容

本研究的主要内容可概括成以下 6 个方面。（1）现代化的理论基础与理论路径。主要诠释现代化的理论体系，社会主义现代化理论，中华人民共和国成立以来社会主义现代化的理论总括，区域一体化推动现代化的理论路径，以及社会主义现代化理论的浙江内涵。（2）现代化的路径与国别经验。以世界 3 次现代化浪潮为主线，揭示现代化推进路径、规律及趋势，总结日本、德国、韩国、美国、英国、新加坡 6 个现代化先行国家在建设现代化的进程中采取的政策、存在的问题，以此总结其经验和教训，给出浙江建设社会主义现代化的主要启示。 （3）浙江基本实现高水平现代化评价标准与指标体系。 立足省情社情，结合现代化理论、评价标准，浙江高水平现代化的评价标准是：在"八八战略"指引下，从"高速度增长"转向"高质量发展"，全方位追赶现代化先行国家，高水平建成社会主义现代化强省；构建产业、科技、城市、开放、消费、生态、文化、收入、教育、卫生以及政府治理等 11 个方面，精选 33 项指标的"浙江基本实现高水平现代化建设指标体系"。 （4）长三角一体化下浙江基本实现高水平现代化比较优势。 分别从基础现代化的比较优势、动力现代化的比较优势、开放现代化的比较优势、福利现代化的比较优势 4 个层面评估分析浙江、上海、江苏、安徽现代化建设的静态和动态比较优势。 （5）长三角一体化下浙江基本实现高水平现代化建设评估。厘清浙江现代化建设的模式与路径的历史沿革，对标美国、英国、日本、德国、韩国、新加坡等 6 个现代化先行国家，分别对产业、科技等 11 个领域，测算浙江与上海、江苏、安徽现代化单项进程指数、追赶指数，并进行综合测算；统筹考虑 6 个现代化先行国家的情况，静态评估浙江与上海、江苏、安徽政府治理现代化的进程和水平。 （6）长三角一体化下浙江基本实现高水平现代化建设目标与对策。 基于长三角一体化区域高水平现代化协同政策体系，提出浙江基本实现高水平现代化建设目标任务，针对既有短板，提出浙江基本实现高水平现代化的对策建议。

全书编排为 7 章，试图从逻辑上和学理性上，通过"一般性—异质性——一体化"的梯度演进研究方式对上述 6 个方面进行深入研究和探讨。

第 1 章为导言。 对本书研究主题及背景做扼要介绍，并总结本书主要内容、研究方法、创新点及意义。

第 2 章为现代化的理论基础与理论路径。 第 2.1 节为现代化的理论基础，重点阐述现代化的理论内涵与理论体系，通过框定"高水平现代化"的理论内涵，以逻辑演进方式依次阐释主流现代化理论、马克思主义的现代化理论、党的现代化论述与习近平新时代中国特色社会主义思想的现代化论述，比较阐释不同现代化理路框架下现代化内涵的异质性及其时序迭代路径，界

别理论一般性约束下，基于社会主义市场经济体制框架的现代化边际。 第
2.2 节是区域一体化推动现代化的理论路径，聚焦探究区域一体化推动现代化
建设的一般性路径，以及长三角一体化推动高水平现代化的异质性路径。 第
2.3 节是开放经济条件下现代化的理论路径，分别从经济外向型发展、专业市
场发展、全球价值链 3 个维度诠释现代化的理论路径。

第 3 章为现代化的路径与国别经验。 第 3.1 节与 3.2 节分别系统研究了
现代化路径和趋势与现代化先行国家的经验。 第 3.3 节梳理了现代化先行国
家的经验借鉴与主要启示，凝练了加速起飞阶段强调经济先行、高速发展阶
段突出新动力接续引领、战略调整阶段依赖现代化协调推进及基本建成阶段
形成系统优势的现代化全阶段国别经验体系，以及现代化先行国家现代化建
设启示：（1）以满足人民对美好生活的向往为导向，可持续推进现代化；
（2）以非连续转型为基础，定位好现代化建设的发展阶段；（3）以经济建设
为中心，平衡好所处阶段的过渡任务；（4）以统筹协调为导向，处理好目标
任务的各项矛盾。

第 4 章为浙江基本实现高水平现代化评价标准与指标体系。 第 4.1 节系
统论述现代化评价标准，提出了现代化的基础标准与高水平现代化的进阶标
准。 第 4.2 节搭建了现代化进程与水平评价指标体系，首先对构建思路予以
阐释，进而提出导向性、对标性、衔接性与客观性的构建原则，基于此设计了
"现代化评价指标体系"和"浙江基本实现高水平现代化指标体系"，作为评
估、追踪、分析长三角一体化区域现代化省（市）域单项及综合进程水平，以
及长三角一体化示范区协同现代化进程水平。

第 5 章为长三角一体化下浙江基本实现高水平现代化比较优势。 根据前
述研究结论，结合长三角一体化区域的特质对标日本、德国、韩国、美国、英
国、新加坡等现代化先行国家，依据协调推进建设"产业、教育基础牢靠，科
技、城市、消费、文化、政府治理动力十足，全面开放共赢，收入分配合理，
人民幸福健康，生态文明兴盛"的高水平现代化体系，以全力打造长三角一体
化区域高水平现代化建设为示范，从基础设施现代化比较优势（包括产业、教
育现代化比较优势）、动力现代化比较优势（包括科技、城市、消费与文化现
代化比较优势）、开放现代化比较优势、福利现代化比较优势（包括生态、收

入与卫生现代化比较优势）视角进行系统分析，解析"三省一市"异质性比较优势，旨在对标现代化先行国家从静态和动态两个维度比较分析"三省一市"高水平现代化建设的既有短板，为分析长三角区域一体化推动高水平现代化的理论机制与路径奠定基础。 第5.1节研究基础现代化的比较优势，得出上海、浙江两地产业比较优势虽呈现一定程度的迭代性，但在"三省一市"中产业比较优势凸显的结论；此外，上海在教育现代化方面具备较为绝对的比较优势。 第5.2节研究动力现代化的比较优势，得出江苏与上海在科技现代化方面具备一定的比较优势，上海与浙江在城市、消费现代化方面具备较为稳定的比较优势的结论，此外，安徽与浙江在文化现代化方面具备一定的比较优势。 第5.3节研究开放现代化的比较优势，得出上海与浙江在开放现代化方面具备一定的比较优势，浙江在开放现代化方面动态比较优势显著的结论。 第5.4节研究福利现代化的比较优势，得出浙江在生态、卫生现代化方面具备较为稳健的比较优势，上海在收入现代化方面具备显著的比较优势的结论。 长三角一体化区域"三省一市"在经济比较优势方面呈现显著的非对称性与异质性，区域经济地理禀赋梯度高，在基础设施现代化与动力现代化方面，"三省一市"价值链梯度分布合理，产业耦合度高，上海在区域一体化中比较优势突出，具备较强的中心协同基础，苏、浙、皖三省比较优势各异，区域一体化与区域协同现代化具备较为夯实的经济地理基础。

第6章为长三角一体化下浙江基本实现高水平现代化建设评估。 基于第5章研究结论，利用2007—2018年长三角一体化与现代化相关数据，从产业、科技等11个领域，对标6个现代化先行国家，对上海、江苏、浙江、安徽"三省一市"，以及长三角一体化区域进行了单项的和综合的现代化建设静态与动态评估，据此发现长三角一体化区域高水平现代化建设中的短板。 第6.1节至第6.4节依次对浙江、上海、江苏和安徽的现代化建设展开静态与动态的综合评估：以2007年作为评估时间起点，对标美国、英国、日本、德国、韩国、新加坡等6个现代化先行国家，分别对10个领域29项①可量化指标，测算"三省一市"现代化单项进程指数、追赶指数，并进行综合测算。

---

① 缘于政府治理现代化数据特性，其4个评价指标单独进行。

政府治理现代化领域采用静态评估。 关于农业农村现代化，根据分析结果同步纳入重要攻坚任务，不做单独评估分析。 统筹考虑 6 个先行国家等情况，静态评估"三省一市"政府治理现代化的进程和水平。 第 6.5 节为长三角一体化区域现代化综合指标评估。 通过系统模拟测算得出：一是静态进程分析显示，上海、浙江最早分别在 2035 年和 2033 年基本实现高水平现代化，江苏 2035 年基本实现高水平现代化，安徽现代化进程缓滞，2035 年基本实现高水平现代化任务艰巨；二是动态追赶评估显示，上海、浙江最早分别在 2033 年和 2030 年现代化水平超过同期 6 个现代化先行国家平均水平的 80%，基本实现高水平现代化强省（市），江苏则是在 2035，安徽的追赶任务艰巨。

第 7 章为长三角一体化下浙江基本实现高水平现代化建设目标与对策。针对长三角一体化区域高水平现代化建设中的既有短板，制订涵盖"11 个领域、33 项大指标"、涉及"沪、苏、浙、皖"及长三角一体化区域高水平现代化建设目标体系，对应提出省（市）域现代化与长三角一体化区域协同现代化对策建议。 第 7.1 节是长三角一体化区域高水平现代化协同政策体系。 第 7.2 节是浙江基本实现高水平现代化建设目标任务与对策，重点探讨了浙江省现代化的历史沿革与建设路径，以及 2035 年浙江基本实现高水平现代化目标任务与对策建议。

1.4　研究方法

根据本研究所涉及的内容，主要采用理论分析、实证分析和规范分析相结合的方法。 首先，通过文本分析与文献研究，梳理提炼了现代化的一般性理路、区域一体化推动高水平现代化的理论路径与开放经济条件下现代化的理论路径。 其次，通过广泛收集和查阅国内外区域一体化和现代化的研究文献，梳理已有研究文献的研究方法和研究结论，评述现有研究的不足和有待改进之处。 再次，利用相关经济理论来构建"现代化评价指标体系"和"基本实现高水平现代化指标体系"及评价方法，以此评估、追踪、分析长三角一体化区域现代化省（市）域单项及综合进程水平，以及长三角一体化区域协同

现代化进程水平。 最后，基于拟合的指标体系比较分析长三角一体化区域
"三省一市"现代化的比较优势、现代化进程与现代化追赶水平，回顾总结浙
江现代化的发展沿革及阶段，提出区域一体化下浙江基本实现高水平现代化
的目标任务及政策建议。

1.5 研究创新

总结而言，本书的创新点有以下 5 个方面。

（1）基于区域一体化与现代化理论研究，从全域视角阐释了现代化一般路
径、"一体化—现代化"发展理路及现代化模式，廓清了区域一体化推动高水
平现代化的异质性理论路径。

（2）构建了现代化评价标准，设计了一套具有可对标性、可量化、可操
作的基本实现高水平现代化的指标体系，并研究得出由评价指标、评价目标、
评价权数、评价公式、评价得分 5 部分组成的评价体系。

（3）对标 6 个现代化先行国家，量化比较上海、江苏、浙江、安徽在基
础现代化、动力现代化、开放现代化、福利现代化建设中的比较优势和短板所
在，为 2035 年浙江基本实现高水平现代化，争创社会主义现代化先行省，加
快推进长三角一体化和高水平现代化建设提供重要的理论依据和实践指导。

（4）设计统计模型，从静态和动态两个维度对标现代化先行国家，评估
了上海、江苏、浙江、安徽现代化建设的历史进程；综合测算了"三省一市"
现代化进程指数和现代化追赶指数，并预测出"三省一市"基本实现高水平现
代化的目标期。

（5）构建了长三角一体化区域高水平现代化建设的目标与对策体系，系统
界别了长三角一体化下浙江基本实现高水平现代化的梯度目标与对策体系。

1.6　任务分担

参与本书撰写的作者有：李军，浙江工商大学党委副书记、教授，主要负责统筹写作框架、设计研究思路、凝练核心观点、确定研究方法、提出撰写目标任务和对策建议。马淑琴，浙江工商大学经济学院教授、商业史研究院执行院长，主要承担全书统稿，现代化的理论基础与理论路径，浙江、上海、江苏、安徽现代化动态进程及动态追赶评估分析。王江杭，浙江工商大学杭州商学院教师，主要承担德国、韩国、新加坡现代化先行国家现代化建设过程中的政策、经验及问题部分的撰写，以及区域一体化的相关内容撰写。高燕，浙江工商大学人文社科处教授、处长，主要承担其他协调工作和日本现代化先行国家现代化建设过程中的政策、经验及问题。徐蕾，浙江工商大学工商管理学院副教授，主要承担美国和英国现代化先行国家现代化建设过程中的政策、经验及问题部分的撰写，以及部分章节的校改工作。陈钰芬，浙江工商大学统计学院教授、副院长，主要承担现代化评估方法、科技现代化、教育现代化的测算分析部分的写作。王海，浙江工商大学经济学院副教授，主要承担现代化评价标准、产业现代化的测算分析部分写作。徐越倩，浙江工商大学公共管理学院副教授、副院长，主要承担政府治理现代化的评估分析撰写任务。王文治，浙江工商大学经济学院副教授，主要承担生态、卫生现代化的评估分析撰写任务。孙豪，浙江工商大学经济学院博士，主要承担消费、收入现代化的评估分析的写作。程艳，浙江工商大学经济学院教授，主要承担文化现代化的评估分析的写作。徐元国，浙江工商大学经济学院副教授，主要承担开放现代化的评估分析的写作。周梦赟，浙江省商务厅主任科员，主要参与框架设计和城市现代化的评估分析的写作。参与本书框架设计的还有浙江省商务厅副厅长张钱江、综合处处长方晓。

2 现代化的理论基础与理论路径

　　现代化是一种根本性、系统性、长期性的综合变革。回溯第一、二、三次工业革命发展史可知，三次工业革命使诸多发达国家步入现代化先行行列。在第四次工业革命萌芽涌现之际，后发国家的现代化追赶进程快慢根本上要取决于能否走进第四次工业革命的世界前列。现代化在不同阶段所蕴含的特征有异，存在内涵外延的迭代与延拓；与此同时，现代化又表现出鲜明的制度异质性与阶段异质性，梳理不同社会经济制度、同一社会经济制度的不同发展阶段所对应的现代化内涵与标准，厘清现代化的理论体系，是探究浙江现代化建设实践路径、发展脉络的重要前提。

　　现代化内涵外延的迭代与延拓，主要体现在现代化的外向度水平的变化上。早期现代化发轫于非区域一体化经济框架，进入 21 世纪以来，现代化建设步入以区域经济一体化与经济全球化为主要特征的现代化阶段，早期非一体化现代化红利逐步式微，要素配置效率提升从非一体化下通过生产方式变革、产业集约化发展跃升至区域要素流转配置一体化、产业协同一体化、贸易价值链一体化与制度质量一体化阶段，以区域一体化及经济全球化为表征的外向度水平嬗变对于现代化的引致效应越发凸显。浙江现代化区域一体化特征突显、外向度发展特征显著，从现代化理论的厘清深入至现代化区域一体化及现代化外向度引致机制探析，则是解构浙江现代化高水平特征及其理论路径的关键。

2.1 现代化的理论基础

2.1.1 "高水平现代化"的理论内涵

现代化是工业化革命以来，在世界各国普遍兴起的共同主题之一。 关于现代化的理论内涵、评价标准处于动态发展之中，与世情国情、社会变迁、意识形态等密切相关。 我国理论界、政治界积极吸取各国现代化理论体系，丰富中国社会主义现代化建设内涵。

"现代化"。 作为一个目标和结果概念，现代化的含义就是赶超先进国家，达到其状态特征；作为一个过程概念，其实质上是世界先进生产方式和生活方式的普及化，以及相应的文明进步和文明转型过程。

具体而言，现代化作为近现代以来一种社会和文化变迁的现象，具有丰富的内涵：在经济学意义上，基本等同于工业化和资本化，强调时间与空间的分离、货币的形成和专家系统的建立，以及这些机制背后的信任机制的建立；而随着人们对现代化弊端的不断反思，那种将现代化与发展和进步予以等同的看法变得落后，现代化的内在弊端，如对环境资源的过度开发、高风险社会的形成等，导致后现代理论出现，开始强调可持续发展的科学发展观。

"高水平"。 中国作为一个需要同时推进两次现代化的后发国家[1]，2035 年现代化目标具体可分为 3 个层级：①低目标，第二次现代化指数超过当时（2035 年，下同）世界平均水平；②中目标，达到当时世界中等发达国家平均水平；③高目标，接近当时世界中等发达国家的上线水平，基本实现第

---

① 即综合现代化(何传启，2016)，具体含义见后文"理论基础"部分。

二次现代化。① 表 2-1 的全球对比大体上可作为一个参照。②

表 2-1　发达国家的分类标准

国家分类	现代化水平(现代化指数和 80％现代化指标)	水平排名(推荐值)
发达	高于或等于高收入国家平均值的 80％	世界前 1—20 名
中等发达	介于高收入国家平均值的 50％—80％,高于世界平均值	世界前 21—45 名
初等发达	≥高收入国家平均值的 30％,或低于世界平均值	世界前 46—80 名
欠发达	＜高收入国家平均值的 30％,或世界平均值的 60％	世界前 81—131 名

资料来源:何传启(2010,2011)。其中水平排名是人口超百万的 131 个国家 2005 年的排名。

邓小平同志设计的我国原定 2050 年左右要实现的目标是"中等发达国家",这一目标在党的十九大决议中提前到 2035 年"基本实现",而把 2050 年目标设定为"社会主义现代化强国",即 2050 年目标是超越中等发达国家这一范围水平的。考虑到 15 年的时间差,长三角一体化区域 2035 年的目标应定在"中等发达国家"里的上线水平(即前述 3 个层级中的"高目标")。

综上,"高水平"是指中等发达国家(现代化指数位于世界前 21—45 名,见表 2-1)的上线水平范围内的前列,位于世界前 21—25 名。"高水平"的内涵,就是要按照习近平总书记对浙江"更进一步,更快一步"的指导要求,"高水平全面建成小康社会""高水平全面建成基本现代化",系统统筹长三角一体化区域要素禀赋差异、比较优势差异,构建长三角一体化区域异质性的高水平现代化体系。要实现"两个高水平"目标,必须切实贯彻"高质量发展",高水平是目标要求,高质量是过程要求,高质量发展过程是高水平发展目标的基本保障。这就要求必须通过分阶段目标管理和过程评价,强化过程管理。

---

① 何传启:《如何成为一个现代化国家:中国现代化报告概要》,北京:北京大学出版社,2017 年,第 124—125 页。

② 此处引用表 2-1 作为参照,目的是给出一个比较世界各国现代化水平的分类框架。原表数据取自 2005 年,到目前一些特定国家的名次可能有所变动,但这一相对格局依然可以作为划分档次、设定目标的基准,故本研究借鉴这一划分框架。

2.1.2 现代化的理论体系

（1）西方主流现代化理论

自 19 世纪达尔文（1859）的进化论产生以来，该思想逐步被社会科学领域吸收，产生社会进化论，并成为整个社会科学、人文学科中起支配性影响的思潮。 现代化诞生于 18 世纪中叶，现代化研究产生于 20 世纪。 哈里森（1988）认为，19 世纪的古典进化理论是现代化理论的思想源头，20 世纪上半叶德国社会学家马克斯·韦伯的理性化理论、美国学者帕尔森的社会系统理论，奠定了现代化研究的主要基础。 20 世纪 50 年代以来，主流现代化研究经历了 3 次浪潮（何传启，2003）。

一是经典现代化理论。 20 世纪 50—70 年代，经典现代化理论诞生并盛行，是对 18 世纪中叶至 20 世纪初两次工业革命推动的世界现代化进程的不同领域一系列研究成果的理论集合。 以 Parson（1951）的《社会系统》为开端，其后涌现出 Lerner（1958）的《传统社会的消逝：中东现代化》、Almond and Coleman（1960）的《发展中地区的政治》、McClelland（1961）的《成就社会》、Apter（1965）的《现代化的政治》、Eisenstadt（1966）的《现代化：抗拒与变迁》、Levy（1966）的《现代化和社会结构》、布莱克（1966）的《现代化的动力》、亨廷顿（1968）的《变革社会的政治秩序》等等。

现代发展经济学、经济增长理论，如刘易斯"二元结构理论"、哈罗德·多玛、索罗模型、内生增长理论，特别是基于历史分析的罗斯托（1960）的"经济发展五阶段论"（传统社会阶段、为起飞创造前提条件的阶段、起飞阶段、成熟阶段、高额大众消费阶段）[①]，这些经济增长理论也可以视为一种狭义的现代化理论。 概言之，现代发展经济学理论认为，"发展"与"增长"具有本质区别。 "发展"是一国或地区随着经济的增长而出现的经济社会和政治的整体演进和改善，包括经济数量增长、经济结构优化、经济质态升级优化三个方面，即经济、政治、社会、文化和人的全面现代化。

---

① 何传启：《现代化研究的十种理论》，《理论与现代化》2016 年第 1 期。

Bendix（1967）提出，自 18 世纪的英国工业革命和法国政治革命以来，现代化主要呈现了人类社会的一种深刻变迁，由传统社会转型为现代化社会；既是指对先行国家发达状态和变迁结果的概括，也是指后进国家追赶世界先进水平的过程。布莱克（1975）指出现代化的 4 个阶段，包括现代性的挑战、现代化领导的稳固、经济和社会转型及社会整合[1]。亨廷顿（1976）提出现代化过程的 9 个特征，包括革命性、复杂性、系统性、全球性、长期性、阶段性、趋同性、不可逆性和进步性。[2]

经典现代化理论主要刻画了从传统农业社会向现代工业社会转变的经济、社会、政治、文化诸方面的过程和结果的特征、规律的经验总结，向我们描述了一个传统的、古典的经典工业化世界图景（1750—1950），如表 2-2 所示。

表 2-2　经典现代化理论的基本内容

领域	关键要点
概念	传统农业社会向现代工业社会转变的过程、结果
过程	革命的、复杂的、系统的、全球的、长期的、分阶段的、趋同的、进步的
结果	现代性（状态特征）的形成和扩散：工业化、城市化、民主化、法治化、科层化
动力	经济发展决定论、文化发展决定论、政治经济文化综合作用论
模式	内生型；外生型，路径依赖性

二是后现代化理论。20 世纪 70—80 年代盛行的后现代化理论，是关于后工业化社会、后现代主义和后现代化研究的一个思想集合，主要有 3 个理论来源：对经典现代化和现代性的批判性重构，后工业社会的未来学展望，后物质主义和后现代文化的实证研究。[3] 我们认为其重点还是对现代工业社会出现的一些负面问题的批判性解构。学界对于人类社会发展阶段的划分众说

---

[1]　布莱克（1975）将现代化分为前现代时期、转变时期、高度现代化时期。Cyril E. Black, et al. *The Modernization of Japan and Russia：A Comparative Study*. New York：The Free Press, 1975.

[2]　何传启：《现代化研究的十种理论》，《理论与现代化》2016 年第 1 期。

[3]　何传启：《现代化研究的十种理论》，《理论与现代化》2016 年第 1 期。

纷纭，其中被学界广泛认可的是贝尔（1973）的界定：依照工业领域改革的历史实践，人类社会按照发展沿革可以细分为 3 个阶段，即前工业社会、工业社会与后工业社会①。 有别于前两大人类社会发展阶段，后工业社会存在五大特征：第一，经济方面，经济形态由产品（生产）经济向服务型经济转变；第二，职业分布方面，专业技术人员逐渐成为社会主导阶层；第三，以"知识经济跃升为社会中心地位"为内涵的"中轴原理"；第四，以控制技术发展为主线的未来方向特征；第五，政策制定旨归向新"智能技术"创造的趋近。 例如，库玛（1984）提出"闲暇社会"。 学界对于后现代主义的认知也逐步深化，尤其是对于后现代主义主要特征的认知，成为学界研究后现代主义、认知后现代主义的重要方面，其中哈桑（1987）等学者对后现代主义的主要特征予以了界定，后现代主义从其引致效应上具有典型的破坏性特征，这一破坏性又是与其不确定性相伴生的，后现代主义不确定性的特征预示了，在后现代主义框架下风险分布与风险暴露的差异化特征。 此外，破碎性、反正统性、非我性和内在性也是后现代主义的主要特征。 英格哈特（1997）认为，20 世纪 60 年代，发达国家已经完成现代化，进入后现代化阶段。 吉登斯（1990）批判了现代性造成的"传统断裂"，"现代性以前所未有的方式把我们抛离了所有类型的社会秩序的轨道"。

我们认为，事实上，伴随着发达国家经典现代化阶段（约 1750—1950）的完成，兴起了一系列不同领域的批判、解构、反思现代性的研究成果，反映了传统工业化社会向知识经济社会转变的过渡期特点的思潮，都可以被纳入后现代化理论的范畴。 除上述直接以"后现代"标榜的理论外，还包括生态现代化理论，其最早产生于德国、荷兰、英国，强调经济效率与社会公正，特别是环境生态的协调友好，核心内容是预防、创新和结构转型（Huber，1985；摩尔，2001）。 这一理论实际是对经典现代化阶段工业化导致环境退化的批判性反思。 多元现代化理论，该理论指出经典现代化理论认为的由欧洲先进国家起源的现代化进程扩散到全世界后，被后进国家照单全收的理论预期并未出现，全世界并未形成单一文明或单一制度模式，而是出现了几种

---

① 何传启：《现代化研究的十种理论》，《理论与现代化》2016 年第 1 期。

现代文明或多种文明模式。 多元现代性（Shmuel N. Eisenstadt，2003）实际上是对长期以来欧洲中心主义研究路线的反对，该理论意味着现代性具有多种文化方案和制度模式，世界现代化进程并未完全趋同，从而否定了把现代化的全球进程视为所有传统社会向着欧美式现代化模式渐进变化的"一揽子式"单一线性过程的"我族中心主义"（ethnocentrism）；下文详述的反思性现代化理论中的解构性内容也可以归入这一类思潮。 概括如图 2-1 所示。

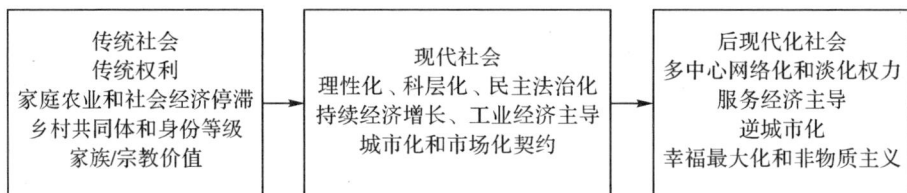

| 传统社会
传统权利
家庭农业和社会经济停滞
乡村共同体和身份等级
家族/宗教价值 | → | 现代社会
理性化、科层化、民主法治化
持续经济增长、工业经济主导
城市化和市场化契约 | → | 后现代化社会
多中心网络化和淡化权力
服务经济主导
逆城市化
幸福最大化和非物质主义 |

图 2-1　从传统社会到后现代社会

总之，正如吉登斯（1990）指出，真正的后现代性是对现代性的超越，而那一时期的人类社会远未进入"后现代性"社会，尚处于"现代性的深化"阶段。 因此，我们可以把后现代化理论视为一种从经典现代化理论转向第二次现代化理论的"理论过渡"（何传启，2017）。

三是新现代化理论和第二次现代化理论。

①西方现代化理论的新进展

"二战"结束以后，特别是自 20 世纪 50 年代出现的以计算机、信息技术等为代表的第三次工业革命以来，先进发达国家逐渐进入知识经济、知识社会，涌现出一系列新的特点、新的趋势，"在后工业和后现代的年代，知识成为一种商品和首要生产力"（Lyotard，1979）。 到 20 世纪 90 年代，在发达国家对传统现代化、现代性批判反思的基础上展望未来，探索得到一些对工业化以后发展趋势的研究。

反思性现代化理论（自反性现代化、再现代化）代表性观点如贝克（1986）。 贝克、吉登斯和拉什（1994）认为，世界现代化分为两个阶段，即普通现代化（或称简单现代化、正统现代化）和反思性现代化（后现代化），前者是传统农业社会向工业社会转变，后者是工业社会向风险社会转变，是现代化的现代化。 普通现代性（1800—1950 年工业社会的特性）是第

一现代性，是半现代状态。 反思现代性是第二现代性，是风险社会的特点
（社会不平等的个性化、不确定性、风险全球化、民主对话、结构性失业、部
分雇佣、工作安全性退化等[①]）。 英格哈特（1997）认为，到 20 世纪 60 年
代，发达国家已经完成现代化，进入后现代化阶段。 图雅江（1991）把发达
国家进入的这一新阶段称为"第二种现代化"或"新现代化"；普查夫
（1991，2000）则认为，后物质主义社会、后工业社会、后现代社会、信息社
会、风险社会、感性社会等概念，可以说都是一种"继续现代化"。 其他一
些提法，如前述贝克（1986）的"现代化的现代化""高度现代化"也是类似
的含义。

②中国的现代化研究及现代化理论的中国化

我们认为，相较于西方学者战后的现代性反思、批判、解构，以及因新的
时代演进而提出的现代化理论探索，中国学者近年来提出的"第二次现代化
理论"，在中文语境下能清楚区分目前为止世界现代化走过的历程阶段，更能
明确精练地概括当前世界进步的潮流和趋势，是目前国内比较系统成熟的现
代化理论，基于其上的"综合现代化理论"也是国际比较研究中比较符合中国
国情的现代化理论模式。 下面对中国现代化研究及现代化理论的中国化历程
进行概要总结。

自严复译介《天演论》引入西方的进化论，以及梁启超开创新史学引入西
方历史学研究范式，并开始关注世界大势以来，中国人在探索现代化道路的
过程中，形成一系列思考成果，如孙中山的《建国大纲》。 1949 年以后，革
命史学压倒进化史学，现代化研究陷于停顿。 改革开放后，在邓小平同志提
出"以经济建设为中心"和"生产力标准"的社会主义本质论后，以及在胡绳
（1987）于《中国为什么不能走资本主义道路》和关于"从五四运动到中华人
民共和国成立"的 10 次谈话中提出"主要从生产力发展的角度来解释中国近
代史"之后，"现代化范式"[②]开始取代"革命史范式"而渐居主导地位。 在

---

① 何传启:《现代化研究的十种理论》,《理论与现代化》2016 年第 1 期。

② 即"以'现代化'作为更主要的视角来建构近代史研究'新范式'的理论框架,从而将
近百年中国历史概括为'一场现代化史'"。转引自周东华:《北京大学世界现代化进程研究
中心·现代化研究（第一辑）》,北京:商务印书馆,2002 年。

罗荣渠（1988）、章开沅（1990）等史学前辈的推动下，中国现代化研究终于重新开展起来，并在近年形成了现代化研究的中国化。 主要有如下几类主题：

第一，中国现代化历程总结。 台湾"中央"研究院近代史研究所（1982—1984）"中国现代化的区域研究"系列丛书，实证研究了 1860 年以来江苏、山东、湖北、闽台浙等区域的现代化经验教训；Gilbert Rozman（1982）主编的 *The Modernization of China*（"比较现代化"课题组译）对比分析了中国前现代时期与 20 世纪前半期以及 1949 年以来国际环境、政治结构、经济结构、经济增长、社会整合、知识与教育等诸方面的变迁，将中国现代化历程分为 1905 年、1930 年、1955 年、1980 年 4 个节点。

20 世纪 90 年代以来，关于中国现代化进程的通史性研究涌现出 10 多种著作，其中具有代表性的有：郑继兵和杨仑（1992）《艰难的历程——中国百年的现代化追求》，胡福明（1994）主编《中国现代化的历史进程》，许纪霖和陈达凯（1995，2006）主编《中国现代化史（第一卷）：1800—1949》，何晓明《百年忧患——知识分子命运与中国现代化历程》，陈勤等（1998）《中国现代化史纲》，史远芹（1999）《中国近代化的历程》，丁长清和慈鸿飞（2000）《中国农业现代化之路》，虞和平（2001）《中国现代化历程》（三卷本）。 这类研究作为中国现代化研究的基础性文献，是实证史学研究所必须的参考资料，而且部分内容自然也涉及经验总结，特别是教训剖析，部分内容还不乏理论梳理和分析。

其中，尤其有价值的是对中国早期现代化走过的弯路，以及相对于其他后发国家如日、俄等国的"延误问题"的专门研究解析，特别具有国情针对性和现实启示性，如罗荣渠（1993）《现代化新论》，周积明（1996）《最初的纪元——中国早期现代化研究》，金耀基（1999）《从传统到现代》，李伯重（2000）《江南的早期工业化》，等等，研究了中国近现代化和工业化发轫之前的"原工业化"问题（Proto-industrialization），即"工业化前的工业化"，但陷入革命史学的"资本主义萌芽"研究之普遍困境，未能解释何以中国的"原工业化"走向"受限制的原工业化"（Deindustrialization）；质言之，何以中国前现代时期的"斯密型动力"（王国斌，1997）未能修成正果？

吴承明（2001）《中国的现代化：市场与社会》也存在类似的问题，左玉河（2001）《失去的机遇：中国现代化的历程再认识》，沈渭滨（2001）《困厄的现代化》，周建波（2001）《洋务运动与中国早期现代化》，雷颐（2002）《被延误的现代化》，周积明和郭莹（2003）《震荡与冲突：中国早期现代化进程中的思潮和社会》，等等，则在一定程度上弥补了这一不足，部分解释了"延误"、弯路的原因。

第二，国际经验比较。以罗荣渠（1997）主编的"世界现代化进程研究丛书"、章开沅（1988）主编的"中外近代化比较研究丛书"和钱乘旦等（2010）主编的《世界现代化历程》为代表。此外，孙立平（1992）《传统与变迁：国外现代化及中国现代化问题研究》，罗荣渠（1993）《各国现代化比较研究》，尹保云（1999）《现代化通病——二十多个国家和地区的经验与教训》，钱乘旦和刘金源（1999）《寰球透视：现代化的迷途》，王新生（2002）《政治体制与经济现代化——"日本模式"再探讨》，依田熹家（2004）《中日两国近代化比较研究》，施雪华（2006）《政治现代化比较研究》，也是较有代表性的论著。

第三，理论探索。丁学良（1988）《"现代化理论"的渊源和概念框架》，孙立平（1988）《社会现代化》，罗荣渠（1993）《现代化新论》、（1997）《现代化新论续篇》，吴忠明（1995）《马克思恩格斯的现代化思想》，丰子义（1995）《现代化的理论基础——马克思现代社会发展理论研究》，尹保云（2001）《什么是现代化》，谢立中和孙立平（2002）《二十世纪西方现代化理论文选》，将世界现代化进程概括为"三个阶段三种模式三个代表"，将中国近代以来160年现代化概括为"两大模式三条道路四个阶段转换"。

在以上研究成果的基础上，何传启（1998a，1998b，1999，2013）提出了第二次现代化理论，认为从传统农业社会发展为工业社会，是第一次现代化，其典型特征是工业化、城市化、民主化和理性化；从工业社会发展为知识社会，是第二次现代化，其典型特征是知识化、信息化、全球化、绿色化。这一理论也可以称为"广义现代化"（包括经典现代化和新型现代化两大阶段）。与这种阶段划分思路相对应，从后发国家，特别是中国所处条件（传

统工业化趋于"成熟",正在加速向后工业化社会"过渡"①)下如何追赶、
超过先行发达国家角度,又提出"综合现代化理论",其核心思想是:聚合两
次现代化的精华,力求避免先行国家的教训(如环境生态问题、社会不平等问
题),通过协调两次现代化的发展,实现"弯道超车"。 这一思路类似于党
的十六大以来推行的"新型工业化"战略、信息化和工业化"两化融合"战
略。 我们认为,综合现代化重点是工业化进程和知识化进程的顺序、速度、
步骤的协调;融合的理想状态当然是在微观层面的技术融合、商业模式融合,
但现实中,难以避免停留在空间、产业层面的并存、交杂,从而实际上造成区
域经济不平衡、城乡不平衡、行业不平衡等问题。 何传启(2003,2010)的
"人类文明进程的长江模型"其实换一个角度看,就是地区发展不平衡的真实
写照。 因此,综合现代化要特别注意"五个统筹协调"。

　　综上所述,我们认为,以何传启为代表的中国科学院中国现代化研究中
心的历年报告(2001—2018),及其在此基础上提出的第二次现代化理论,以
及综合现代化理论,是国内目前全面、连续、权威的集大成研究成果,具有中
国国情适应性的中国化现代化理论。 (如图 2-2)

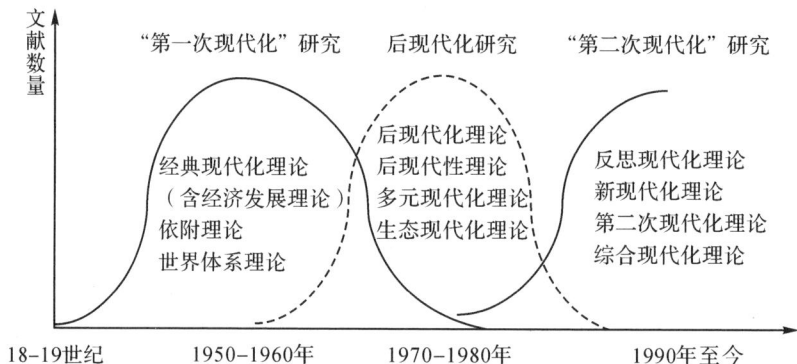

图 2-2

　　(2)社会主义现代化理论

　　社会主义现代化理论主要有马克思、恩格斯等经典的社会主义现代化理

---

　　① 何传启:《如何成为一个现代化国家:中国现代化报告概要》,北京:北京大学出版
社,2017 年,第 45 页。

论和苏联现代化理论,以及党的社会主义现代化理论三大类。

第一大类,马克思、恩格斯等经典的社会主义现代化理论。 早在 19 世纪,虽然学术界并未明确提出现代化的概念,但马克思、恩格斯就已经对"现代化"现象进行了深入研究,并由此形成了马克思主义关于现代化的深邃思想。 马克思、恩格斯把资本主义生产方式兴起以来的经济社会形态称为"现代社会"①。

马克思主义经典论述中的早期现代化思想。 早在《资本论》第一卷第一版序言中,马克思(1867)就指出"工业较发达的国家向工业较不发达的国家所显示的,只是后者未来的景象"。 这一论断类似库玛(1984)指出的"未来基本上是根据西方工业发展模型拟想的;西方工业文明乃是它的终点。 '发展',加尔布雷斯宣称,'乃是对已发展的史实模仿'"。 马克思还提到"落后民族既苦于资本主义的发展,更苦于资本主义的不发展",高度推崇资本主义对生产力发展的历史功绩②和必经阶段性。 这一进步历史观,或者说社会进化论(历史目的论),正是主流现代化理论赖以兴起的哲学基础。

更广泛地说,马克思、恩格斯等经典的社会发展理论,特别是现代资本主义社会的形成和发展的基本理论,对非西方世界卷入世界贸易后将被迫转向资产阶级生产方式与西方式的发展前景的一般估计,"与西方现代化理论或发展理论,可以找到许多共同点或相似点"③。

此外,马克思基于两大部类的社会再生产循环理论,揭示了社会化大生产按比例发展的客观规律。 英国著名经济学家乔安·罗宾逊(1963)认为,扩大再生产理论是马克思经济学"最有价值的部分",它被"卡莱茨基所再发现,并用以作为解释凯恩斯的问题的基础,又被哈罗德和多玛进一步发展成

---

① 吴建伟:《列宁的现代化思想及其当代价值》,《中共山西省委党校学报》2011 年第 2 期。

② 更广为人知的论述是:"资产阶级在它的不到一百年的阶级统治中所创造的生产力,比过去一切世代创造的全部生产力还要多、还要大。自然力的征服、机器的采用、化学在工业和农业中的应用、轮船的行驶、铁路的通行、电报的使用、整个大陆的开垦、河川的通航,仿佛用法术从地下呼唤出来的大量人口——过去哪一个世纪料想到在社会劳动里蕴藏有这样的生产力呢?"见马克思《共产党宣言》(1848)第一章。

③ 罗荣渠:《现代化新论:世界与中国的现代化进程》,北京:北京大学出版社,1993 年,第 85 页。

为长期经济发展理论的基础"①。可以说，这一理论及其模型是最早的经济增长理论，也是马克思理论中最直接的现代化理论呈现。

西方左派学者的新马克思主义。20世纪50年代以来，西方国家的马克思主义者和新左派学者如巴兰、斯威齐、多布等人对马克思的社会发展理论的重新发现，以及对垄断资本主义的批判，激励了拉美等后进国家学者提出欠发达国家的发展理论的研究努力。其中，影响最大的是"依附理论"和"世界体系论"。

依附理论来自两个理论渊源，一个是激进的发展主义（普雷维什等），另一个是新马克思主义（费兰克、桑托斯、阿明等）。该理论认为，第三世界欠发达国家，特别是拉美地区等曾经的殖民地国家，在全球经济中处于"边缘国家"地位，其发展依附于"核心国家"，这种全球性市场势力结构决定了这些国家必然永远落后。尹保云（2001）把依附理论分为结构主义依附理论、激进依附理论和依附发展理论。总而言之，依附理论都是把落后国家的"落后"归结于外因，即全球经济环境，而忽视了现代化作为一种全球性竞赛，总会有先进与落后的二分现象。

与此相关的"世界体系理论"，则试图用中心—半边缘—边缘地区的依附关系、世界劳动分工和阶级冲突等变量来分析世界体系的历史演变和16世纪以来的世界发展史（Wallerstein，1974）。看起来比依附理论似乎更内生化了，也更加理论化和正式化，但本质上并无新的突破和区别，其核心分析进路依然是"中心—外围"的分析思路；不过，这一理论第一次提出关于现代化进程的全球体系，在分析层面上是一个新的发展。

总的来说，这两种理论可以统称为依附论。它们抛弃了"二战"后西方为后发国家提供的药方，即抛弃了基于西方经验的发展模式，认为第三世界处于对世界资本主义中心的依附地位，走资本主义道路是行不通的，必须与资本主义世界体系脱钩才能获得独立发展机会。

第二大类，苏联"现代化"理论。列宁以及后续苏联时期的现代化思想在社会主义思想史上，首先从理论和实践上解决资本主义向社会主义过渡时

---

① 乔安·罗宾逊：《马克思、马歇尔和凯恩斯》，北京：商务印书馆，1963年，第20页。

期是否需要保留商品生产和货币的问题的是列宁。 苏联是第一个社会主义国家，列宁为苏俄建设现代化的社会主义国家进行了艰辛探索，并创立了指导苏俄社会主义建设的现代化思想。 列宁推行新经济政策，目的是鼓励商品生产，扩大商品流通，实现农业现代化。 列宁认为，经济文化落后的国家建设社会主义，必须利用资本主义，特别是国家资本主义。 列宁指出："我们应该利用资本主义（特别是把它纳入国家资本主义的轨道）作为小生产和社会主义之间的中间环节，作为提高生产力的手段、途径、方法和方式。"[1]

列宁突破了把社会主义与资本主义抽象对立起来的流行观念，从苏维埃俄国的实际出发，把资本主义经营管理方法中的一切成果合理地吸收和继承下来，这是列宁对科学社会主义理论的重大突破和新发展，也是实行新经济政策的理论前提。

1934 年苏联在第二个五年计划的基础上，提出大力发展本国装备制造业，用先进的技术装备促进国民经济的现代化，并逐步形成了强调科技优势、计划经济，重军事现代化、重工业现代化，轻人民现代化、政治现代化的非均衡性社会主义现代化理论体系。

列宁对社会主义现代化的贡献在于他以马克思学说为基础，结合帝国主义与无产阶级革命时代的新条件创立了利用资本主义向社会主义迂回过渡的现代化思想。 这一思想对开创中国特色社会主义事业新局面，具有极其重要的理论意义和现实意义。

第三大类，党的社会主义现代化理论。 中国共产党自诞生之日起，即致力于通过政治、经济、社会的综合革命，完成推动中国现代化的历史使命，并提出若干路线、政策论述，与本书比较相关的有如下论述。

党的"四个现代化"论述。 "四个现代化"即工业现代化、农业现代化、国防现代化、科学技术现代化，党和国家 20 世纪 50 年代至 60 年代提出的国家战略目标。 1954 年召开的第一届全国人民代表大会，第一次明确地提出要实现工业、农业、交通运输业和国防的四个现代化的任务，1956 年又一次把这一任务列入党的八大所通过的党章中。 1964 年 12 月 21 日，周恩来在

---

[1] 《列宁全集》第 41 卷，北京：人民出版社，1985 年，第 217 页。

第三届全国人民代表大会第一次会议上代表中共中央提出，"在不太长的历史时期内，把我国建设成为一个具有现代农业、现代工业、现代国防和现代科学技术的社会主义强国"，并提出实现四个现代化目标的"两步走"设想：第一步，用 15 年时间，建立一个独立的、比较完整的工业体系和国民经济体系，使中国工业大体接近世界先进水平；第二步，力争在 20 世纪末，使中国工业走在世界前列，全面实现农业、工业、国防和科学技术的现代化。①1975 年第四届全国人民代表大会上，周恩来再次提出"四个现代化"，并成为全民族的共同心声。

1979 年 12 月 6 日，邓小平在与日本首相大平正芳会谈中，将四个现代化量化为：到 20 世纪末，争取国民生产总值达到人均 1000 美元，实现小康水平。邓小平把这个目标称为"中国式的四个现代化"，即"小康之家"。②

毛泽东关于"十大关系"和"多快好省地建设社会主义"的论述。

①"论十大关系"

自 1956 年 2 月，毛泽东用了 2 个多月的时间先后听取了中央 34 个部委有关经济建设问题的调查研究汇报。在此基础上，经过中央政治局的几次讨论，由毛泽东集中概括出了关于正确处理十大关系的思想；同年 4 月 25 日，毛泽东在政治局扩大会议上作了《论十大关系》的报告。毛泽东系统总结了中华人民共和国社会主义建设的初步检验，进而前瞻性地提出了探索与我国国情社情匹配的社会主义建设道路的伟大任务。这一论述提出：在重工业和轻工业、农业的关系问题上，要用多发展一些农业、轻工业的办法来发展重工业；在沿海工业和内地工业的关系问题上，要充分利用和发展沿海的工业基地，以便更有力量来发展和支持内地工业；在经济建设和国防建设的关系问题上，要在强调加强国防建设的重要性时，将军政费用降到一个适当的比例，以经济建设更快的发展，推动国防建设更大的进步；在国家、生产单位和生产者个人的关系问题上，三者的利益必须兼顾，不能只顾一头，既要提倡艰苦奋

---

① 邱海燕：《社会主义现代化的战略部署——从兴国"两步走"到强国"两步走"》，《青年与社会》2019 年第 1 期。

② 邱海燕：《社会主义现代化的战略部署——从兴国"两步走"到强国"两步走"》，《青年与社会》2019 年第 1 期。

斗，又要关心群众生活；在中央和地方的关系问题上，要在巩固中央统一领导的前提下，扩大地方权力（即权力下放给地方），让地方办更多的事情，发挥中央和地方两个积极性；在汉族与少数民族的关系问题上，要着重反对大汉族主义，也要反对地方民族主义，要诚心诚意地积极帮助少数民族发展经济建设和文化建设；在党和非党的关系问题上，共产党和民主党派要长期共存、互相监督；在革命和反革命的关系问题上，必须分清敌我，化消极因素为积极因素；在是非关系问题上，对犯错误的同志要实行"惩前毖后，治病救人"的方针，要允许人家犯错误，允许并帮助他们改正错误；在中国和外国的关系问题上，要学习一切民族、一切国家的长处，包括资本主义国家先进的科学技术和科学管理方法，要反对不加分析地一概排斥或一概照搬。这一论述特别强调了重视综合协调平衡的思想。

②"多快好省"

"多快好省"即"数量多，速度快，质量好，成本省"，最早 1956 年由周恩来提出，后经毛泽东之口成为全国的标准。"多快好省"提出不久，周恩来同志就表示说这 4 个字不够科学，没有把"有计划、按比例"这个意思包括进去。在批判 1956 年的反冒进过程中，1958 年 3 月党中央成都会议上，毛泽东又提出了"鼓足干劲，力争上游，多快好省地建设社会主义"总路线的基本思想，并经过党的八大二次会议正式通过。从此，"多快好省"便成了这条"总路线"的重要组成部分。这一提法实质上是一种"赶超战略"思路，但在实践中难以全面实行，往往变成片面追求"多"和"快"，最终导致"大跃进"的惨痛教训。

邓小平关于中国跨世纪再出发的"三步走"战略。"三步走"是邓小平在 1987 年 4 月提出基本实现现代化的战略。1987 年 10 月，党的十三大把邓小平"三步走"的发展战略构想确定了下来。其主要内容是："第一步，从 1981 年到 1990 年，国民生产总值翻一番，解决人民温饱问题；第二步，从 1991 年到 20 世纪末，国民生产总值再翻一番，人民生活水平达到小康水平；第三步，到 21 世纪中叶，国民生产总值达到中等发达国家水平，人民生活比较富裕，基本实现现代化。 然后，在这个基础上继续前进。"①1997 年党的十五大把第三步进一步具体化，提出三个阶段性目标。 到 2000 年，我国已顺利地实现了"三步走"战略中的第一、第二步目标，全国人民的生活总体上达到了小康水平，人均 GDP 达到 848 美元，实现了从温饱到小康的历史性跨越，下一步即现代化发展战略的第三步阶段，是达到中等发达国家程度。

"三步走"战略也是一种赶超战略，只是赶超的方式更加完善、理性和多样化；同时，也强调要注重搞好"改革、发展、稳定三者平衡"，处理好三者关系。 可以说，与上述毛泽东思想的相关论述一样，既提出"高水平"的质量要求，也提出"全面"的范围要求。

习近平新时代中国特色社会主义思想的现代化论述。 习近平总书记的现代化论述精神，集中概括在十九大报告之中，择其大要包括：明确提出坚持和发展中国特色社会主义的总任务是实现社会主义现代化和中华民族伟大复兴；提出以人民为中心的发展思想；提出创新、协调、绿色、开放、共享的新发展理念；提出"五位一体"总体布局和"四个全面"战略布局。 具体而言，各个方面的精彩论述如下：

总体论述。 2013 年 3 月 27 日，习近平总书记在南非德班金砖国家领导人第五次会晤上表示，中国将坚持以人为本，全面推进经济、政治、文化、社会与生态文明等领域建设，促进我国现代化建设各方面、各环节相协调，建设美丽中国。

习近平同志在 2017 年 "7·26" 重要讲话中指出："中国特色社会主义不断取得的重大成就，意味着近代以来久经磨难的中华民族实现了从站起来、富起来到强起来的历史性飞跃，意味着社会主义在中国焕发出强大生机活力并不断开辟发展新境界，意味着中国特色社会主义拓展了发展中国家走向现代化的途径，为解决人类问题贡献了中国智慧、提供了中国方案。"（习近平，2017）这一重要论述表明，中国特色社会主义不仅使久经磨难的中华民族实现现代化、走向伟大复兴，而且能够拓展发展中国家走向现代化的途径，为

---

① 摘自党的十三大公布的《沿着有中国特色的社会主义道路前进——在中国共产党第十三次全国代表大会上的报告》(1987 年)。

推动人类文明发展做出中国贡献。

目标和战略步骤。 2017 年 10 月 18 日在党的十九大上，习近平指出，"我们既要全面建成小康社会、实现第一个百年奋斗目标，又要乘势而上开启全面建设社会主义现代化国家新征程，向第二个百年奋斗目标进军"。① 习近平指出，从现在到 2020 年，是全面建成小康社会决胜期。 要按照党的十六大、十七大、十八大提出的全面建成小康社会各项要求，紧扣我国社会主要矛盾变化，统筹推进经济建设、政治建设、文化建设、社会建设、生态文明建设，坚定实施科教兴国战略、人才强国战略、创新驱动发展战略、乡村振兴战略、区域协调发展战略、可持续发展战略、军民融合发展战略，突出抓重点、补短板、强弱项，特别是要坚决打好防范化解重大风险、精准脱贫、污染防治的攻坚战，使全面建成小康社会得到人民认可、经得起历史检验。②

根据习近平总书记在十九大会议上的指示，综合分析国际国内形势和我国发展条件，从 2020 年到 21 世纪中叶可以分两个阶段来安排：第一个阶段，从 2020 年到 2035 年，在全面建成小康社会的基础上，再奋斗十五年，基本实现社会主义现代化。 到那时，我国经济实力、科技实力将大幅跃升，跻身创新型国家前列；人民平等参与、平等发展权利得到充分保障，法治国家、法治政府、法治社会基本建成，各方面制度更加完善，国家治理体系和治理能力现代化基本实现；社会文明程度达到新的高度，国家文化软实力显著增强，中华文化影响更加广泛深入；人民生活更为宽裕，中等收入群体比例明显提高，城乡区域发展差距和居民生活水平差距显著缩小，基本公共服务均等化基本实现，全体人民向共同富裕迈出坚实步伐；现代社会治理格局基本形成，社会充满活力又和谐有序；生态环境根本好转，美丽中国目标基本实现。 第二个阶段，从 2035 年到 21 世纪中叶，在基本实现现代化的基础上，再奋斗十五年，把我国建成富强民主文明和谐美丽的社会主义现代化强国。 到那时，我国物质文明、政治文明、精神文明、社会文明、生态文明将全面提升，实现国家治

① 摘自习近平 2017 年在党的十九大上所作的报告：《决胜全面建成小康社会 夺取新时代中国特色社会主义伟大胜利——在中国共产党第十九次全国代表大会上的报告》。

② 摘自习近平 2017 年在党的十九大上所作的报告：《决胜全面建成小康社会 夺取新时代中国特色社会主义伟大胜利——在中国共产党第十九次全国代表大会上的报告》。

理体系和治理能力现代化，成为综合国力和国际影响力领先的国家，全体人民共同富裕基本实现，我国人民将享有更加幸福安康的生活，中华民族将以更加昂扬的姿态屹立于世界民族之林。①

习近平强调，从全面建成小康社会到基本实现现代化，再到全面建成社会主义现代化强国，是新时代中国特色社会主义发展的战略安排。我们要坚忍不拔、锲而不舍，奋力谱写社会主义现代化新征程的壮丽篇章。②

现代化经济体系。2017 年 10 月 18 日，习近平在党的十九大上提出，要贯彻新发展理念，建设现代化经济体系。我国经济已由高速增长阶段转向高质量发展阶段，正处在转变发展方式、优化经济结构、转换增长动力的攻关期，建设现代化经济体系是跨越关口的迫切要求和我国发展的战略目标。③

习近平（2017）强调，必须坚持质量第一、效益优先，以供给侧结构性改革为主线，推动经济发展质量变革、效率变革、动力变革，提高全要素生产率，着力加快建设实体经济、科技创新、现代金融、人力资源协同发展的产业体系，着力构建市场机制有效、微观主体有活力、宏观调控有度的经济体制，不断增强我国经济创新力和竞争力。深化供给侧结构性改革。建设现代化经济体系，必须把发展经济的着力点放在实体经济上，把提高供给体系质量作为主攻方向，显著增强我国经济质量优势。加快建设创新型国家。要瞄准世界科技前沿，强化基础研究，实现前瞻性基础研究、引领性原创成果重大突破。实施乡村振兴战略。要坚持农业农村优先发展，走高效生态的新型农业现代化道路。④ 巩固和完善农村基本经营制度，保持土地承包关系稳定并长久不变，第二轮土地承包到期后再延长三十年。确保国家粮食安全，把中国人的饭碗牢牢端在自己手中。加强农村基层基础工作，培养造就一支懂农

---

① 摘自习近平 2017 年在党的十九大上所作的报告：《决胜全面建成小康社会 夺取新时代中国特色社会主义伟大胜利——在中国共产党第十九次全国代表大会上的报告》。

② 摘自习近平 2017 年在党的十九大上所作的报告：《决胜全面建成小康社会 夺取新时代中国特色社会主义伟大胜利——在中国共产党第十九次全国代表大会上的报告》。

③ 摘自习近平 2017 年在党的十九大上所作的报告：《决胜全面建成小康社会 夺取新时代中国特色社会主义伟大胜利——在中国共产党第十九次全国代表大会上的报告》。

④ 摘自习近平 2017 年在党的十九大上所作的报告：《决胜全面建成小康社会 夺取新时代中国特色社会主义伟大胜利——在中国共产党第十九次全国代表大会上的报告》。

业、爱农村、爱农民的"三农"工作队伍。 实施区域协调发展战略。 加大力度支持革命老区、民族地区、边疆地区、贫困地区加快发展，强化举措推进西部大开发形成新格局，深化改革加快东北等老工业基地振兴，发挥优势推动中部地区崛起，创新引领率先实现东部地区优化发展，建立更加有效的区域协调发展新机制。 加快完善社会主义市场经济体制。 经济体制改革必须以完善产权制度和要素市场化配置为重点，实现产权有效激励、要素自由流动、价格反应灵活、竞争公平有序、企业优胜劣汰。 推动形成全面开放新格局。中国开放的大门不会关闭，只会越开越大。 要以"一带一路"建设为重点，坚持"引进来"和"走出去"并重，遵循共商共建共享原则，加强创新能力开放合作，形成陆海内外联动、东西双向互济的开放格局。①

高质量发展。 习近平在 2017 年中央经济工作会议上提出，中国特色社会主义进入了新时代，我国经济发展也进入了新时代，基本特征就是我国经济已由高速增长阶段转向高质量发展阶段。

"第五个现代化"：政府现代化。 继 20 世纪 60 年代"四个现代化"正式确定为中国国家发展的总体战略目标，2012 年中共十八大提出"新四化"之后，习近平在 2013 年党的十八届三中全会将全面深化改革总目标设定为"第五个现代化"，即国家治理体系和治理能力现代化，从单一层面的现代化向以物质为基础的精神和制度层面的现代化转变，体现了中国社会主义现代化建设的重大拓展和推进，标志着中国现代化建设由此进入了一个新的历史阶段。

从"四个现代化"到国家治理体系和治理能力现代化的突破，实现了多方面质的飞跃，从物质和技术层面上升到制度文明和政治文明层面。

法治现代化。 习总书记上任伊始即强调"依法治国"，强调"依法治国是党领导人民治理国家的基本方略，法治是治国理政的基本方式""依法治国是实现国家治理体系和治理能力现代化的必然要求"；依法治国首先是"依宪治国"，强调"宪法高于一切""任何组织或者个人都必须在宪法和法律范围

① 摘自习近平 2017 年在党的十九大上所作的报告：《决胜全面建成小康社会 夺取新时代中国特色社会主义伟大胜利——在中国共产党第十九次全国代表大会上的报告》。

内活动，任何公民、社会组织和国家机关都要以宪法和法律为行为准则，依照宪法和法律行使权利或权力、履行义务或职责"。[①]

党的十八大至今，"依法治国"始终贯穿在习近平总书记的治国理政思路之中。无论是改革还是反腐，都坚持在法治的框架下进行，党的十八届四中全会更是首次聚焦"依法治国"。在司法体制改革上，强调司法机关依法独立行使职权；在司法实践上，强调司法公正，要求"让人民群众在每一个司法案件中都能感受到公平正义"；在全面深化改革上，强调"依法改革"，重大改革都要"于法有据"；在系统根治腐败上，强调"依法反腐"，用法治思维和法治方式反腐。

社会现代化。习近平总书记在2014年11月就"平安中国"建设做出重要指示，强调法治是平安建设的重要保障。政法综治战线要认真学习贯彻党的十八届四中全会精神，把政法综治工作放在全面推进依法治国大局中来谋划，深入推进平安中国建设，发挥法治的引领和保障作用，坚持运用法治思维和法治方式解决矛盾和问题，加强基础建设，加快创新立体化社会治安防控体系，提高平安建设现代化水平，努力为建设中国特色社会主义法治体系、社会主义法治国家做出更大贡献。

2016年2月24日，习近平对深入推进新型城镇化建设做出重要指示，强调"城镇化是现代化的必由之路"。自党的十八大以来，面对当前国内外经济社会发展态势，党中央审时度势，针对新时代深入推进新型城镇化建设做出了一系列重大决策部署，未来关键是要凝心聚力抓落实，蹄疾步稳往前走。新型城镇化建设一定要站在新起点，取得新进展，要坚持以创新、协调、绿色、开放、共享的发展理念为引领，以人的城镇化为核心，更加注重提高户籍人口城镇化率，更加注重城乡基本公共服务均等化，更加注重环境宜居和历史文脉传承，更加注重提升人民群众获得感和幸福感。[②]要遵循科学规律，加强顶层设计，统筹推进相关配套改革，鼓励各地因地制宜、突出特色、大胆

---

① 摘自习近平2017年在党的十九大上所作的报告：《决胜全面建成小康社会 夺取新时代中国特色社会主义伟大胜利——在中国共产党第十九次全国代表大会上的报告》。

② 潘家华：《积极构建新时代生态文明建设新的理论体系和话语体系》，《生态文明新时代》2018年第1期。

创新，积极引导社会资本参与，促进中国特色新型城镇化持续健康发展。

生态现代化。 习近平总书记生态文明建设思想是习近平新时代中国特色社会主义思想的重要组成理论，包含"生态兴则文明兴、生态衰则文明衰"的新文明观、"绿水青山就是金山银山"的新资源观、"良好的生态环境是最普惠民生福祉"（习近平，2018）的新民生观、"统筹山水林田湖草系统治理"的整体系统观、"牢固树立生态红线"的新政绩观和"积极参与全球治理、共建清洁美丽世界"的新全球观。

文化现代化。 党中央、国务院《关于实施中华优秀传统文化传承发展工程的意见》，集中体现了习近平总书记关于传承发展优秀传统文化的重要论述精神。 这一论述要求准确把握优秀传统文化的丰富内涵，深刻认识思想理念是骨骼，传统美德是经络，人文精神是血肉，共同构成优秀传统文化的有机统一体；要坚持以马克思主义为指导，来鉴别、传承、发展传统文化，做到客观、科学、礼敬；要坚持古为今用、守正开新，推动优秀传统文化融入国民教育、道德建设、文化创造和生产生活。《关于实施中华优秀传统文化传承发展工程的意见》进一步指出，"要坚持不忘本来、吸收外来、面向未来，在交流互鉴中提升中华文化国际影响力"。

（3）社会主义现代化理论的总括

上述三大类社会主义现代化理论可以概括为经典社会主义现代化理论、非均衡型社会主义现代化理论、综合社会主义现代化理论、赶超型社会主义现代化理论、强国型社会主义现代化理论。 ①经典社会主义现代化理论。 基于对资本主义前景的一般估计、垄断资本主义的批判、社会再生产循环理论，马克思揭示了社会化大生产按比例发展的客观规律，西方"新马克思主义"形成依附理论、世界体系论。 ②非均衡型社会主义现代化理论。 苏联在第二个五年计划的基础上，逐步形成"重军事现代化、重工业现代化，轻人民现代化、政治现代化"的非均衡型社会主义现代化理论体系。 ③综合社会主义现代化理论。 中国在国防现代化的基础上，发展形成包含工业现代化、农业现代化、国防现代化、科学技术现代化的"四个现代化"。 ④赶超型社会主义现代化理论。 改革开放以来，中国将党和国家的工作重心转移到社会主义现代化建设上来，提出关于中国跨世纪再出发的"三步走"赶超战略。 ⑤强国型社会主义现代化理论。 党的十九大报告开启全面建设社会主义现代化国家新征程，提出"全面建成社会主义现代化强国"。 社会主义现代化强国旨在"四个现代化"的基础上，进一步深化国家治理体系和治理能力现代化、教育现代化、农业农村现代化、国防和军队现代化、经济体系现代化、人与自然和谐共生现代化等。

2.2 区域一体化推动现代化的理论路径

从经济发展史视域来看，现代化是以区域经济渐进融合为特征的演进历程，现代化理论廓清了现代化的内涵及其外延，将现代化从经济现代化向全面现代化理念延展。 经济发展实践则从现代化的经济基础与经济地理禀赋，给出了现代化发展的区域一体化背景。 基于此，探究区域一体化推进现代化的理论路径，是衔接现代化理论基础与现代化建设实践，推进现代化跃升发展的又一理论核心。

2.2.1 区域一体化推动现代化的一般性路径

（1）区域一体化推动现代化的现实背景与学理基础

区域经济协同与要素配置边际问题是经济发展进入中、高阶段后的理论与现实关切所在。 步入习近平新时代以来，中国经济发展跃升至以高质量发展、供给侧结构性改革为主线的高水平发展阶段，经济发展的质量内涵愈加凸显，经济发展的结构优度愈加重要，这引致了有关要素配置效率、产业协同水平与区域经济协同质量的理论与现实的双重关切。

自长三角经济圈概念发展至今，长三角区域经济发展质量稳步提高，经济发展活跃、开放程度高、创新能力强，已成为中国经济发展的重要增长极，中国经济高质量发展的关键策源地。 当前，国际产业分工与全球价值链分化愈演愈烈，全球经济分工体系与全球经济治理体系非均等化日益凸显，面对如此复杂的国际环境，寻求供给侧结构性改革，实现经济高质量发展，促进社会主义现代化的高质量建设，亟须寻求先行样板区，一方面先行探索社会主义现代化建设与经济高质量发展的模式与路径，另一方面为打造社会主义现代化建设与经济高质量发展的样本区域提供可资借鉴、具备可迁移性和可推广性的系统经验。

长三角区域一体化战略的提出，正是在这一现实与理论的双重背景之下。 纵观世界经济发展史，整合区域经济要素，寻求经济社会发展新增长极的区域一体化案例。 以美国经济发展为例，早在 1790—1860 年便设计提出了"一国三方"的经济模式①，通过设立具备差异化相对经济优势的经济发展区域，三个区域相互依赖，充分利用各自的资源禀赋，寻求区域要素、产业与经济的比较优势协同机制，共同支撑并推动了美国经济的发展。 此后，各类城市群、经济圈、湾区等区域一体化层出不穷，其共同特点在于区域一体化发挥了各区域的经济禀赋、经济地理优势，促进了要素的区域循环，提高了要素配置效率，推进了区域经济社会的极大发展。

现代化是一个系统性、多维度、代际更迭的历史实践，当前沪、苏、浙、皖三省一市作为中国社会主义现代建设的引领区域，现代化进程稳步推进，发展逐步对标世界现代化先行国家与区域，但尚且面临现代化跃升的迫切问题，即如何创新发展理念，探索现代化经济体系，推进更高水平与更广领域的改革，推动更高层次的对外开放，实现现代化质量与水平的跃升。

（2）现代化的一体化边际

现代化包含要素配置、产业发展、贸易流转与风险规制等多维内涵，早期现代化注重经济系统内源性发展，受制于规模经济与交易成本的桎梏，囿于整体经济发展水平不高，产业发展路径依赖与市场配置效率的迭代规制。

要素配置效率是由市场化配置下要素流转成本、要素市场上下游度（Upstreamness and Downstreamness）与要素产业导向构成，要素的市场化

---

① 参见道格拉斯·诺斯《1790—1860 年美国经济增长》(1961)中的阐述。

配置是影响要素配置效率的系统性因素，非市场性摩擦会引致要素配置扭曲。① 要素配置的市场化程度，一方面与要素市场壁垒有关，这一壁垒在一定程度上与要素市场的市场化水平息息相关，如从信贷配给层面而言，中国企业的融资约束程度具备显著的企业异质性（Firm Heterogeneity），国有企业的融资可得性高于非国有企业（Manova et al.），高全要素生产率的非国有企业与僵尸企业在信贷配给层面的非对称性，是要素配置效率扭曲关联要素市场非市场化的典型例证；另一方面，与要素市场规模有关，市场规模是一种制度范畴的经济界定，市场规模主要受交易成本影响，制度摩擦成本、运输成本等交易成本的下降会导致市场边际的拓展，在区域一体化视阈下，通过深化改革降低要素区域内流转的制度成本，强化区域内交通基础设施等的建设，降低运输成本，都能拓展要素的市场规模。

要素流转成本是指要素实现有效配置所需要承担的各类流转成本，主要包括制度摩擦成本、运输成本等交易成本。要素流转成本一方面与要素市场的制度质量（Contract Environment）相关，制度质量越高，制度摩擦越小，要素流转所需承载的制度引致交易成本就越低。要素配置效率还与要素市场上下游度相关联。要素市场上下游度主要是指要素市场类型导致的价值链前后向垄断势力水平，当要素市场上下游度较低时，要素市场趋近于完全竞争市场，要素市场的垄断配置无谓损失较低，要素能够在区域内以最优的完全竞争方式予以配置流转。

上述 3 个因素着重强调市场化配置对于要素配置效率的影响，"新古典模型假定个人和社会的成本收益是一致的（即规定完善和无须费用实施的产权）。按照相对价格变动提供的'信号'改变差额以完成调整过程，乃是模

---

① 在一定程度上要素配置的市场化配置内涵是与一国或某个区域的产业政策与贸易政策相关联。产业政策的要素引致效应会间接导致要素流转的政策性引导与规制，如投资壁垒、行业进入壁垒、技术壁垒等。与此同时，贸易政策内含的"宏观—中观—微观"三级传导机制也会在要素流转方向、要素流转行业与要素流转效率形成异质性影响。区域经济的系统性问题是探讨分析区域一体化下要素流转效率的前置约束，故而笔者将在对一体化的"现代化跃升机制理论模型"与"长三角一体化区域一体化的政策冲击理路与效应"分析时引入这一系统一般均衡因素。

型的一个组成部分。 相对价格的变动使生产要素无摩擦地转向它们最优盈利的用途，并且所有的变化都是个人对成本收益最大化变化的迅速反应。"①新古典经济学关于要素配置的"摩擦平滑"阐释依赖于产权及其附着交易成本的界定。 交易成本是界定经济范畴的重要尺度。 交易成本理论认为，经济行为的外部性问题是造成经济系统效率摩擦的主要因素之一，正的外部性会导致私人收益与私人成本的失配，形成私人收益低于社会收益的非帕累托状态；负的外部性则会形成社会成本高于私人成本的非帕累托均衡。 从经济系统效率层面而言，外部性问题的内部化是规制因产权界定不清晰下交易成本外部性摩擦的途径之一，市场不完全性掣肘了市场对于要素的有效配置，要素市场的"单向度逐利化"为政府发挥"有形之手"宏观调控提供了理性空间。 因此，政府宏观调控对要素产业导向的引导构成要素配置效率的质量维度：积极引导稀缺要素进入战略性产业，推进产业结构优化调整，促进供给侧结构性改革，提升经济发展与现代化质量。

新经济地理理论从经济地理禀赋层面探讨空间经济关联与规模经济的逻辑关联，在区域模型中，产业依据运输成本的更易形成"中心—外围"的均衡分布组合，较低的运输成本会进一步引致产业的中心集聚，这一集聚形成的规模经济则进一步强化了存在运输成本规制下的区域产业的"中心—外围"均衡②。 沪、苏、浙、皖三省一市经济发展水平高，各自具备经济地理比较禀赋，地缘经济关联紧密，具备强大的空间经济发展潜力，在经济发展水平上而言，上海比较优势显著，在基础设施、金融、外向度水平与高新产业等方面领先，在供给侧结构性改革背景下，上海迫切需要推进产业结构的优化升级，强化空间经济范畴下的产业空间配置，是改善长三角一体化区域地缘经济禀赋，提高区域内产业协同度的关键。 产业协同优度，基础层面涉及区域内产业链的上下游整合分布，塑造以价值链终端为导向的产业链，进阶层面则涉及产业空间集聚引致空间规模经济，提升区域要素强度，形成产业经济发展

---

① 参见道格拉斯·诺斯《经济史上的结构和变革》(1981)的阐述。

② 将两区域情形推广至多区域离散情形与连续空间，Krugman 运用 Turing 方法证明了"中心—外围"模型中的结论依然有效。

的规模经济基础。

交易成本与规模经济双重规制引致要素配置的边际异质性，区域一体化框架下要素配置边际依照区域一体化区域经济系统特征的差异会形成四种类型：要素流转成本边际、要素市场上下游度边际、要素产业导向边际与要素规模经济边际。要素配置边际是状态依存型的（State-contingent），这就导致了差异化的政策冲击会形成异质性的要素配置效率。

2.2.2 长三角一体化推动浙江现代化的异质性路径

（1）长三角一体化区域高水平现代化建设的理论框架

1978 年，在邓小平理论的指引下，党和国家的工作重心转移到社会主义现代化建设上来，实行改革开放。邓小平关于中国跨世纪再出发的"三步走"战略，也是一种赶超战略，只是赶超的方式更加完善、理性和多样化，注重搞好"改革、发展、稳定三者平衡"，处理好三者关系。党的十九大确立"全面建设社会主义现代化国家新征程"思想。习近平总书记在党的十九大报告中明确指出，新时代是"决胜全面建成小康社会、进而全面建设社会主义现代化强国的时代"（习近平，2017）。党的十九大报告在"四个现代化"的基础上，更加重视国家治理体系和治理能力现代化，丰富发展了教育现代化、农业农村现代化、国防和军队现代化、现代化经济体系、人与自然和谐共生现代化等思想。

"八八战略"是长三角一体化区域高水平现代化建设最为重要的战略指引，是一个与时俱进、内在统一、包容协调、以人为本的理论框架。

一是与时俱进。长三角一体化区域现代化建设理论体系是在"八八战略"的基础上丰富和发展起来的。"八八战略"指明了长三角一体化区域进一步发展的目标和方向，是长三角一体化区域提前基本实现现代化的总战略。

二是内在统一。长三角一体化区域现代化的建设目标与结果具有内在统一性。其目标就是赶超现代化先行国家，达到其状态特征，2035 年基本实现高水平社会主义现代化；其结果实质上是世界先进生产方式和生活方式的普及化，以及更进一步、更快一步地实现相应的文明进步和文明转型过程。

三是包容协调。 长三角一体化区域现代化建设理论体系是对中国社会主义现代化理论的浙江解读，其 12 个领域现代化建设目标任务与"两个高水平"建设、"富民强省十大行动"、"打造长三角一体化区域现代化建设先行区"等目标任务相协调。

四是以人为本。 对照习近平总书记倡议落实的联合国《2030 年可持续发展议程》，长三角一体化区域现代化建设理论体系符合"以人为本"的发展理念。

（2）长三角一体化区域高水平现代化赶超目标转移路线

长江三角洲区域一体化发展战略，为长三角一体化区域现代化建设赋予了更为丰富的时代内涵，有别于一般意义上的现代化内涵。 长三角一体化区域现代化作为中国现代化建设区域，集中突出全面性、高水平特征，强调现代化进程中的高水平协调开放内涵、一体化发展体制机制创新内涵与产业体系创新协同内涵。 长三角一体化推动高水平现代化的异质性路径如图 2-3 所示。

长三角一体化区域现代化赶超目标的转移路线要分"两步走"（如图 2-3 所示）：第一步，从"弱实力，低水平"向"强实力，低水平"转变（力争 2025 年达到）；第二步，从"强实力，低水平"向"强实力，高水平"转变。 直言之，首先全面落实习近平总书记提出的"五位一体"总体布局和"四个全面"战略布局，实现诸领域协调发展和综合实力增强，然后再追求高质量和高层次。

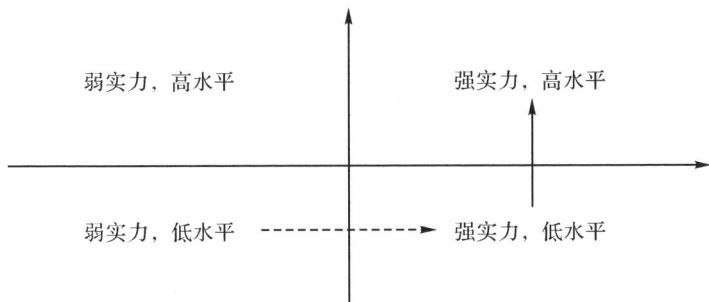

图 2-3　长三角一体化区域高水平现代化赶超目标转移路线

长三角一体化推动高水平现代化的理论内涵，在现代化一般性规律基础上赋予了浙江现代化时代异质性与区域异质性的丰富内涵，突出了浙江现代化以长三角一体化区域现代化建设进程为经济地理基础，基于异质性比较优势的区域协同内涵；与此同时，强调整合浙江与安徽、上海、江苏各自比较优势，揭示了长三角一体化区域现代化的一体化基础与路径驱动下浙江高水平现代化与新时代的发展理路。

2.3 开放经济条件下现代化的理论路径

开放经济条件是区域一体化在地缘范围与一体化边际上的拓展与深化，开放经济条件涉及微观主体的外向度市场参与、中观产业的外向型合竞变革，并最终导出宏观经济的外向化发展转型。开放经济条件赋予了现代化更为广阔的经济地理空间，拓展了现代化的发展路径。浙江作为中国社会主义市场经济的发源地，经济发展植根于开放经济系统，引致在现代化驱动要素、现代化路径与现代化模式上也呈现出社会主义现代化特征下的省域特征，研究开放经济条件下现代化的一般性理路路径，进而基于浙江省情社情现状及其发展沿革，探析浙江现代化的异质性路径，是系统研究梳理中华人民共和国成立 70 多年来浙江现代化的重要理路图景。

2.3.1 中国特色社会主义市场经济框架下经济外向型发展的现代化引致路径

浙江是社会主义市场经济的发源地，作为在社会主义市场经济框架下较早步入外向型经济发展的省份，浙江经历了要素资本利用的国际配置、市场主体的国际参与、产业竞争的全球化嵌入、对外贸易的全球价值链关联到宏观经济的全球化耦合发展的外向型演进脉络。浙江现代化的外向型经济循环，使得浙江现代化主要由市场经济层面发端，逐步延展至开放现代化、产业现代化、科技现代化、城市现代化及消费现代化等方面，这一现代化的次第迭代发展路径是社会主义市场经济框架下经济外向型发展催生下的产物。在上述现代化维度迭代发展的进程中，以政府治理为标志的经济体制改革、制度鼎新成为与之相互交织的现代化维度。

社会主义市场经济框架下经济外向型发展引致的浙江现代化路径呈现两大特点：其一，现代化的市场经济驱动。浙江现代化是社会主义市场经济渐进改革、稳步发展下积聚形成的，市场经济发展是其发端之本。浙江现代化的社会主义市场经济发端基础，使得改革发展社会主义市场经济体系成为贯穿浙江现代化进程的主线之一，廓清了中华人民共和国成立70多年来浙江现代化的发端问题与驱动力问题，也预示了浙江现代化的发展基础与高水平发展路径。其二，现代化的中国特色社会主义制度基础。浙江现代化是基于社会主义政治经济制度发轫并得以发展的，中国特色社会主义制度的改革鼎新，一方面提供了市场经济发展的制度环境基础，另一方面框定了浙江现代化的社会主义道路内核，使经济现代化在引致现代化其他维度发展过程中永葆中国特色社会主义"底色"，保障了社会主义现代化的历史沿革。

概而言之，中国特色社会主义市场经济框架下经济外向型发展形成了浙江现代化的社会主义市场经济驱动基础，框定了社会主义现代化的历史沿革与演进路径，共同形成了浙江现代化的异质性路径。

2.3.2 经济地理禀赋驱动下专业市场发展的现代化嵌入路径

社会主义市场经济作为浙江现代化发展的驱动基础，是建立在极具浙江特色的经济发展模式基础之上的，"浙江模式"的形成与发展，构建了市场主体活跃、政商关系亲清新化发展、专业市场引领与经济地理驱动的经济发展模式、省情社情演进模式与现代化嵌入路径。

经济发展模式具有非经济的影响①。"浙江模式"孕育形成了"浙江精神"，分别从经济与非经济维度构建了浙江现代化的总体特征，经济高质量发展与社会福利跃升构成了浙江现代化的发展内核，没有经济高质量发展，现代化便缺乏驱动力，社会福利跃升这一中国特色社会主义应有之义缺位，现代化便丧失了社会主义"本色"，脱离了社会主义现代化的本体。

经济地理禀赋驱动下，专业市场发展的现代化嵌入路径的本体"回归"效应主要由专业市场发展的微观经济基础决定，集中体现为经济发展社会福利

---

① 参见本杰明·弗里德曼《经济增长的道德意义》(2008)中的阐述。

的民享特征。 浙江是中国民营经济的重要发祥地之一，以民营经济为主要市场主体的经济结构孕育了体量庞大的企业市场主体，民营企业的市场化经营与国际化发展构成了要素市场配置与劳动力雇佣的市场竞争趋向。 这种以多元市场主体合竞及偏完全竞争式经济结构构成了收入分配方式的非垄断性、非寡头特征，经济发展与现代化演进的社会福利基于社会主义市场经济生产关系下呈现兼顾效率与公平的社会分配体系，这引致了消费现代化的均衡化发展，文化现代化的大众化趋向，收入现代化的稳态均衡发展，以及以公有制为基础的教育现代化、卫生现代化的民享式发展。

经济地理禀赋驱动下专业市场发展的现代化嵌入路径，又从现代化驱动视域廓清了浙江现代化发展的经济地理基础、微观主体基础与专业市场驱动基础。 民营经济发展催生了浙江经济发展的活力。 民营经济在个体要素禀赋薄弱基础上，竞合集聚发展，形成市场主体产业链集聚、要素经济地理集聚为特征的经济地理禀赋。 专业市场借由浙江经济地理禀赋，打破市场交易壁垒，压降市场交易成本，构建了以制度环境为基础的经济价值链梯度，促进了不同价值链地位的市场主体存续与发展，夯实了浙江社会主义市场经济的市场主体基础。 中华人民共和国成立 70 多年来，浙江民营经济的市场活力持续迸发，社会主义市场经济的改革发展动力不断催生，民营经济与政策红利共同催生了浙江经济发展的原动力，也倒逼推进了营商环境的改善、制度质量的提振与亲清新型政商关系的形成。

2.3.3 新时代全球价值链贸易的现代化跃升路径

当前，浙江现代化面临将现代化前沿实践转化为高水平现代化的历史挑战，高水平现代化的一个根本标志就是现代化驱动力——经济发展质量的提振。 浙江经济的全球价值链嵌入程度高，企业主体的价值链竞争与产业主体的价值链嵌入构成了现代化经济驱动力更易的双元要素。 经济现代化作为全面现代化与高水平现代化的基础，推进经济现代化向更高水平、更高质量发展，是加快实现浙江高水平现代化的前提与基础。

全球价值链嵌入下经济现代化，是开放现代化、产业现代化、科技现代化等协同推进的产物，并以微观企业主体的全球价值链分工与参与为基础。 经济现代化的高质量发展有赖于作为微观基础的市场主体，尤其是浙江的民营企业，作为创新发展的载体，通过参与全球价值链竞争，积累价值链比较优势，实现由价值链中低端锁定向价值链垄断、价值链上游度跃升的转换。

步入"十三五"时期以来，浙江围绕发展数字经济、提振高端制造业、优化以"最多跑一次"改革为标志的营商环境，从经济发展模式、实体经济基础与市场制度环境等维度，探索建立浙江经济发展的价值链跃升，推动了一大批企业通过创新发展，进一步融入全球价值链竞争体系，探索新时代企业创新发展路径、产业价值链跃升路径与经济高质量发展路径，推动了浙江经济现代化、产业现代化与科技现代化的新发展。"绿水青山就是金山银山"——通过转变经济发展方式，实现持续推进经济现代化的同时，改善了经济发展的生态环境基础，探索建立了富含浙江特色的社会主义生态现代化建设模式。

新时代全球价值链贸易是浙江深化推进现代化建设，建立高水平社会主义现代化的开放经济背景，对外贸易模式的全球价值链化，使得基于宏观要素禀赋和产业比较优势的竞争模式转向以微观市场主体为基础的价值链分工能力与区位的竞争。以商业模式创新、经营业态创新、生产技术创新等为标志的异质性企业创新能力、价值增值能力成为经济现代化这一现代化驱动力的核心竞争要素，微观企业主体的市场竞争力与市场地位禀赋是未来一段时期内区域经济竞争的核心竞争力，这一经济现实图景的变化极大倒逼推动了浙江现代化模式的新发展，经济现代化的科技现代化、生态现代化与产业现代化驱动进一步凸显，赋予了新时代浙江社会主义高水平现代化以新的发展范式。

2.4 社会主义现代化理论的浙江内涵

2.4.1 中国社会主义现代化建设的理论体系及目标愿景

中国现代化建设的理论体系为"五位一体"。 以往的提法主要是"经济现代化"，党的十六大报告提的是"三位一体"（经济建设、政治建设、文化建设），十七大提出"四位一体"（经济建设、政治建设、文化建设和社会建设），十九大进一步拓展到"五位一体"（经济建设、政治建设、文化建设、社会建设、生态文明建设）。 其中经济建设是根本，政治建设是保证，文化建设是灵魂，社会建设是条件，生态文明建设是基础。 只有坚持"五位一体"建设全面推进、协调发展，才能形成经济富裕、政治民主、文化繁荣、社会公平、生态良好的发展格局，才能把我国建设成为富强民主文明和谐的社会主义现代化国家。

中国现代化建设分"两个阶段"完成。 第一个阶段，从 2020 年到 2035 年，目标愿景是"在全面建成小康社会的基础上，再奋斗十五年，基本实现社会主义现代化"。 第二个阶段，从 2035 年到 21 世纪中叶，把我国建成富强民主文明和谐美丽的社会主义现代化强国。

2.4.2 浙江现代化建设的理论体系及目标愿景

浙江现代化建设理论体系是在"八八战略"的基础上丰富和发展起来的。 2003 年 7 月，中共浙江省委举行第十一届四次全体（扩大）会议，时任浙江省委书记习近平同志在我国进入现代化建设第三步发展战略的重要历史节点上，面向未来发展，提出实施"八八战略"。 这一战略指明了浙江进一步发展的目标和方向，有利于在全国现代化进程中继续保持先行地位，是浙江提前基本实现现代化的总战略。

浙江现代化建设理论体系为"两个阶段、两个高水平"。 2017 年 11 月，浙江省委在第十四届二次全会上提出，高举习近平新时代中国特色社会主义思想伟大旗帜，全面贯彻党的十九大精神，以"八八战略"为指引，进一步提出"分两个阶段高水平全面建设社会主义现代化"。其中第一个阶段是从 2020 年到 2035 年，高水平完成基本实现社会主义现代化的目标，比富强浙江、法治浙江、文化浙江、平安浙江、美丽浙江、清廉浙江建设更进一步、更快一步。

第二个阶段是从 2035 年到 21 世纪中叶，目标是高水平全面建成社会主义现代化，"在我国建成富强民主文明和谐美丽的社会主义现代化强国的新征程中继续走在前列、勇立潮头"，率先实现物质文明、政治文明、精神文明、社会文明、生态文明。

2020 年 11 月 19 日中国共产党浙江省第十四届委员会第八次全体会议审议通过《关于制定浙江省国民经济和社会发展第十四个五年规划和二〇三五年远景目标的建议》，提出了到二〇三五年的远景目标是浙江省将是基本实现高水平现代化，成为新时代全面展示中国特色社会主义制度优越性的重要窗口，基本实现新型工业化、信息化、城镇化、农村农业现代化；建成现代化基础设施体系，形成浙江特色现代化经济体系；基本实现省域治理现代化；率先实现教育现代化、卫生健康现代化；基本实现人与自然和谐共生的现代化。

以党的社会主义现代化理论为指导，改革开放以来，经过四十余年的实践，浙江现代化是以市场导向的民间诱致型制度创新为动力，以农村工业化和小城镇发展为主线的内发型区域现代化。[①] 浙江现代化进程的经验总结和理论提炼的"八八战略"，是浙江建设社会主义现代化最为重要的战略指引，是一个与时俱进、内在统一、包容协调、以人为本的理论体系。

---

① 罗卫东：《改革开放以来浙江现代化进程的回顾和展望》，《浙江学刊》2000 年第 11 期。

3

现代化的路径与国别经验

3.1　现代化路径和趋势

3.1.1　现代化 3 次浪潮

现代经济增长，相较于以往的"长期停滞""马尔萨斯陷阱"等历史经验，突出特点是持续的、加速的产值增长。[1] 这是现代化出现以来的全新经济现象，是一种"异数"（库兹涅茨，1971）。现代化发轫于 18 世纪中叶英国的工业革命，随后兴起于西欧，扩散于欧美，继而浪排于东亚、南亚，席卷西亚、北非、中亚，最终在"二战"后扩张到撒哈拉以南之非洲，包举宇内，成为一种全球性普遍现象。举其大要，一般认为，经历了 3 次浪潮。

（1）第一次现代化浪潮：第一次工业革命

这次社会巨变起源于以蒸汽机及纺纱机等为标志的第一次科技革命推动

---

[1]　从马克思经济学的话语体系来说，就是资本主义生产以"扩大再生产"为内在特征（马克思，1867）；资本主义对持续的、循环往复的、不断扩大的资本积累的内在追求，是其根源（罗莎·卢森堡，1959）。

下的第一次工业革命（1700—1850）。 在长期技术能力累积，从而生产力渐进革新的基础上，发生于英国的"双重革命"（Dual Revolution），率先为资本主义现代化进程开辟了道路。 艾森斯塔德（1989）在《现代化：抗拒与变迁》中，把18世纪末至19世纪初西欧北美的现代化称为第一阶段，是一种"有限的现代化"。 随后产生美国独立革命、法国政治革命、拉美反殖民革命及19世纪40年代起的欧洲革命（工人运动）等。 英、荷、美、法是主要代表。

（2）第二次现代化浪潮：第二次工业革命

第二次浪潮伴随着以动力革命（生物能源、电力）、内燃机电动机及钢铁、铁路等为主的第二次科技革命和工业革命（1850—1930）而产生。 这次浪潮使现代化进程和变迁模式越出欧美向异质文明区域扩散，从而成就了近代以来的第一次全球化。

（3）第三次现代化浪潮：第三次工业革命

"二战"以后，微电子技术、计算机、人工材料等兴起，发达国家出现工业升级（高加工度化），非现代化地区出现多批新兴工业化经济体（New Industrialization Country，NICs）。 现代化成为全球性现象和追求。

3.1.2 现代化的经验和路径

（1）基于马克思主义方法论的分类认知框架

基于马克思历史唯物主义的"量变和质变"理论，以及"社会革命"理论来分析，作为一种"宏大叙事"（吉登斯，1990）中的人类文明转型和大规模社会变迁过程，现代化可以从"渐进性—突破性"（渐变和突变）、"传导性—内发性"（模仿和创新）2个维度，分为如下4类[1]。

---

① 原图见罗荣渠：《现代化新论》，北京大学出版社，1993年，第123页。

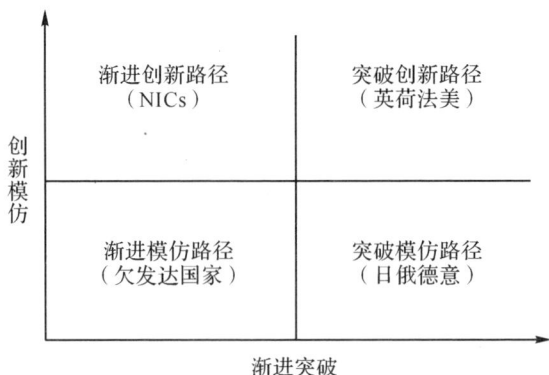

图 3-1　现代化路径分类

（2）主流的基本分类

按照动力源划分，可分为内源性现代化（Modernization from Within）和外源性现代化（Modernization from Without）。所谓内源性现代化，就是社会的一种内部创新，并且这种创新是依靠社会自身力量通过长期积累而产生的；外源性现代化（Modernization from Without），即由外源或外部因素诱发的创新。这二者也可以称为内生型现代化（Endogenous Modernization）和外生型现代化（Exogenous Modernization）。我们认为，这是一个最基本的分类框架。①

一般来说，内生型现代化往往是先行发达国家（先发国家），属于基督教文明，这意味着现代化现象、现代性（Modernity）是一种基督教文明转型的内生成果；外生型现代化往往是在国际竞争压力下主动或被迫追赶先发国家的后发国家。虞和平（2001）认为，世界现代化进程 3 次浪潮可分出 3 种路径：早发内生型——英国，原态移植外生型——美国，嫁接移植外生型——日本。我们认为，美国大体上与英国同时展开工业革命，基本上还是内生型的。

从现代化推进过程和方式来说，后发国家由于本身并不具备发动现代化的内在社会条件，加之在发达国家扩张的国际压力下，外部环境日益恶化，一

_____

① 此外，在二元经济结构转化问题上，还有"盎格鲁-撒克逊道路"和"普鲁士道路"之分。

般必然由国家和政府发挥主导作用强力推进。 所以，其外生型的现代化也可被称为追赶型现代化。 就其出发点和最终目的而言，是一种典型的"挑战—应对"模式（汤因比①）下的"防御性现代化"。 相应地，我们认为，第一拨原生现代化的先发国家，可以称为领导型现代化、进攻型现代化。

除上述基本认知框架外，还有一些有失细碎的分类。 依据现代化的政治挑战和启动时间，布莱克（1966）分为英法型、西方衍生型、其他欧洲国家型、拉美型、独立国家型、原殖民地国家型、非洲型。 格申克龙（2009）分析欧洲后发国家工业化，提出"追赶模式"，分出 8 种对比类型：本地型—引进型、被迫型—自主型、生产资料中心型—消费资料中心型、通膨型—通货稳定型、数量变化型—质量变化型、连续型—断续型、农业发展型—农业停滞型、经济动机型—政治目的型。 何传启（2017）按照第一次现代化的主要要素组合类型，分为工业化先于民主化的英国模式、民主化先于工业化的法国模式、民主化滞后的德国模式；工业化先于城市化的法国模式、城市化先于工业化的意大利模式、协调发展的瑞典模式；经济优先于教育的英国模式、教育优先于经济的德国模式、协调发展的意大利模式。 第二次现代化，分为知识化优先于信息化的美国模式、信息化优先于知识化的日本模式、协调发展的澳大利亚模式；知识化优先于生态化的芬兰模式、生态化优先于知识化的英国模式、协调发展的日本模式；信息化优先于生态化的挪威模式、生态化优先于信息化的德国模式、协调发展的加拿大模式。 综合现代化，分为知识化优先于工业化的巴拿马模式、工业化优先于知识化的墨西哥模式、协调发展的泰国模式；信息化优先于工业化的马来西亚模式、工业化优先于信息化的埃及模式、协调发展的土耳其模式；工业化优先于绿色化的马来西亚模式、绿色化优先于工业化的哥伦比亚模式、协调发展的哥斯达黎加模式。

世界现代化历程中，常常伴随出现一些弯路、邪路，如"伪现代化"思潮，这一理论与实践迷思极大地扭曲了世界现代化的发展方向与路径，通过将"现代化"形式化、符号化，扭曲"现代化"的实质与内涵，将其异化成为

---

① 阿诺德·约瑟夫·汤因比（Arnold Joseph Toynbee，1889—1975），英国著名历史学家，他曾被誉为"近世以来最伟大的历史学家"。

服务传统价值的"去现代化"乃至"反现代化"的历史进程实体。① 一般来说，在没有发生现代民主政治革命的国家，依靠传统国家政府力量推动现代化，很容易从"防御性现代化"走到"伪现代化"，中国的"洋务运动"即是典型例证。"西学为用"，只是为了维护"中学为体"，最后的立宪改革根本上也是为了应对革命危机。日本在"二战"前貌似成功的近代化变革，本质上也是"伪现代化"，也是"师夷长技以制夷"。日本在经济、技术、军事上学习模仿，在政治上则是强化皇权以御外侮，最后终于走向法西斯军国主义道路。"逆现代化"（De-modernization）则是现代化的倒退，巴西等拉美国家及伊朗等亚洲国家历史上发生过类似的倒退、回潮。

此外，经济学界讨论国际发展经验中出现的"中等收入陷阱""拉美病"等，也是后发国家现代化进程中需要着力化解的难题。

3.1.3　规律和趋势

世界现代化经验表明，现代化进程总是波浪式、跳跃式而非直线式展开的。现代化的根本动力是生产力，具体呈现就是经济实力（特别是经济结构，而非经济规模②），核心是技术进步（各种经济增长理论所强调）。现代化进程呈现阶梯式跃迁秩序，现代化扩散的结果导致全球化和"世界经济体系"。现代化是一个全球性的竞争过程，现代化没有固定的终点，只有先进与落后之分，其标准是动态演化的，后发国家的现代化进程其实就是追赶最先进国家的进程（趋同论），尽管路线和道路可以各具特色。在经济发展主导下，现代化带来经济、社会、政治、文化、人的健康和素质、生态环境等各方面的综合进步。

就经济领域而言，经济学理论已提供了钱纳里"标准结构"和霍夫曼定律等。霍利斯·钱纳里（1969）利用"二战"后的发展中国家数据，选取了 9 个准工业化国家（地区）作为分析样本，以这 9 个国家（地区）1960—1980 年

---

① 钱乘旦（2002）称其为"反现代化"，我们认为，"伪现代化"更准确、形象一些。
② 直到 1820 年，中国 GDP 仍占世界三分之一，却是一个落后国家。见麦迪逊（2001）的《世界经济千年史》。

间的历史资料为基础，构建了一个多国分析模型，进而基于回归方程构建了国内生产总值市场占有率模型，即标准产业结构。该理论强调经济结构转变在经济发展中的重要性，并基于人均 GDP 差异，将经济体经济发展阶段，按照发展水平由不发达经济到成熟工业经济发展趋势，细化为 3 个阶段 6 个时期，而每一阶段的跃进都是通过产业结构转化来推动的。通常一国工业化进程一般从轻工业化开始，经过重工业化、高加工度化，发展到知识信息化。霍夫曼（1931）在其《工业化阶段和类型》一书中提出霍夫曼定律，又被称作"霍夫曼经验定理"。霍夫曼经验定理指出，资本资料工业在制造业中所占比重不断上升，并超过消费资料工业所占比重。[1] 此外，还有刘易斯的"二元结构"和"刘易斯拐点"，库兹涅茨"倒 U 形曲线"等理论。

3.2 现代化先行国家的经验

一个国家现代化建设的模式选择、道路抉择，与时代背景、生产力水平高度相关，并受社会制度、意识形态、执政能力等因素深刻影响。日本、德国、韩国、美国、英国、新加坡 6 个现代化先行国家，所处阶段不同，国力差距悬殊，推进体制有别，政策重点不一，措施成效迥异，对"三省一市"加快从高速度增长模式迈向高质量发展模式，顺利向战略调整阶段、基本建成阶段过渡，高水平"打造现代化先行区"，基本实现高水平现代化目标具有借鉴意义和启示作用。

3.2.1 综合经验谱系

（1）加速起飞阶段：经济先行

加速起飞阶段，各国注重运用财政、货币、体制改革等多种组合，刺激形成一个高水平的经济"加速度"。

---

[1] 这一经验法则早在马克思（1867）、罗莎·卢森堡（1959）的社会再生产理论和资本积累理论中被表述为"第一部类优先积累、优先发展"。

新加坡（1965—1978）实行出口工业政策、进口替代政策、自由港政策、贸易自由化政策，借由发达国家去工业化进程的产业梯度溢出，加速推进本国现代化。

韩国（1948—1960）借助美国援助政策、军事保护政策、政治斗争高于经济建设的政策，由于权力优先占有，享受着国家现代化建设成果，但随着"419学生革命"的爆发，错过了12年加速起飞的黄金时期。

德国（1862—1914）历经俾斯麦、威廉一世等强权治理时期，侧重推进"自上而下"政治改革、"联俄亲奥拉英反法"外交政策、贸易壁垒政策、科学工业融合政策、军工产业政策、全民教育政策，推行加速赶超的现代化之路。

（2）高速发展阶段：新动力接续引领

高速发展阶段，"创新"和"科技"成为现代化建设的主要推动力量，以新动力、新业态引领现代化建设迭代发展。

新加坡（1978年至今）依托优越的地理条件和天然良港，奉行自由贸易、自由企业和自由竞争的经济政策，实行积极的经济结构重整政策、高度对外开放政策、商品与服务贸易政策、发展成果共享政策，发展成为世界重要的制造业基地、国际贸易中心，与此同时极具经济外向度的新加坡也通过建立外向型金融体系、航运体系、通信体系与旅游会展体系，极大地提升了新加坡的国际金融中心功能、国际航运中心功能、国际通信中心功能和旅游会议中心功能。其中以城市现代化和政府治理现代化为重点，打造"花园城市"和清廉政府的经验，对"三省一市"具有较强的借鉴意义。

韩国（1960—1980）自张勉政府、朴正熙政府以来，转向"经济发展第一"国策，开展韩币汇率改革、日美韩正常化政策、吸引外资政策、政府投资计划、科学技术振兴计划、国家企业集团培育政策、新农村运动等，尤其是第3个五年计划期间所实行的"激进"经济战略，包括机械装备"赤字"进口政策、重化学工业宣言、电子工业优先策略，成就了"汉江奇迹"，但是国家企业官僚化、新兴财团干政、盲目引进外资等，也为韩国现代化的不均衡埋下了隐患。

（3）战略调整阶段：现代化协调推进

在经历了高速发展阶段，一个国家（地区）的现代化建设取得较大成绩，对国际社会、经济、政治、军事、贸易的影响日益增强，内政、外交不可避免地需要进行战略性调整。

英国（19 世纪）丧失全球现代化建设的引领地位。依靠初级技术创新优势、海外消费市场扩张、国家干预式自由贸易、国内市场保护等政策，在国家现代化、经济现代化上取得了极大成就；但是在社会文明、政府治理等方面缺乏行之有效的重大变革政策，无法稳妥处理好贫富分化明显、环境污染严重、治安情况恶化、传统价值体系瓦解等内部问题，也无法应对新兴强国崛起、殖民体系瓦解等国际问题，最终从现代化领头羊的位置退出。

日本（1970 年至今）现代化进程处于高水平锁定状态。其主要短板在于外交战略调整较为波折、漫长。20 世纪 70 年代初，面对全球石油危机、经济增速回落、投资驱动减弱、贸易结构失衡、产业优势下滑、传统人口红利消失、高收入陷阱等问题，日本积极采取了特定产业振兴临时措施，实行了低能耗高技术产业培育、通商政策等，战略调整取得初步成效。1990 年"广场协定"后，所实行的高精尖产业规划过于激进、脱离实际，出台的自主创新政策缺乏过渡、迈进步伐过急，反而导致了高尖端技术滞后、创新型产业投入力度不足、产业加速外流、高收入陷阱、人口老龄化加重、出口下滑严重等新问题，拖累了现代化深度调整。

（4）基本建成阶段：形成系统优势

基本建成阶段，政治、社会、文化、治理等现代化系统实现相互平衡、相互促进、全面发展，并即将进入新一轮的现代化建设起步阶段。

美国（1877—1960）第一次基本建成现代化阶段，相继完成了从早期孤立主义向积极对外扩张政策、全球霸权外交政策转变，从自有竞争为主向本国垄断竞争、跨国垄断竞争的市场政策转变，从农村为主向城市化、都市化、信息化为主的社会形态转变，从早期技术革命向近代新技术革命转变，从自有放任竞争政策向国家干预政策、全球干涉政策转变，从大陆扩张向海外扩张转变，顺利走向超级强国。随后，美国经济及现代化进程步入了近 10 年的衰退调整期，期间积聚的资本主义现代化桎梏也为美国现代化客观上提供了更迭发展的经济空间。 美国（1970—1992）积极应对经济滞胀、3 次经济危机、日本崛起，实行新联邦主义、反滞胀政策、振兴经济政策、比较现实主义外交政策等。 美国（1993 年至今）出台新经济政策，保持高科技领域的全球领先地位，现阶段进入第二次现代化起步准备阶段。

3.2.2 日本推进现代化建设的进程与经验借鉴

日本作为亚洲经济发展的代表性国家，其特有的国情条件、制度因素、生产力结构等要素影响了日本现代化发展，在科技产业、教育卫生、国家治理等多个方面显示出强劲的实力。 日本推行"社会福利的增长""国民经济的繁荣"新政，自 20 世纪 50 年代起，日本经济开始飞速进步，至 1968 年赶超联邦德国，成为仅次于美国的世界第二大经济大国，日本在科技现代化管理体制等方面积累了大量可借鉴的宝贵经验。

（1）日本推动现代化建设的进程及政策体系

①日本现代化建设进程

初步复兴发展期（1868—1945）：19 世纪 60 年代末开始到 1945 年"二战"结束的近代产业化时期。 冷战背景的政治格局为日本经济的恢复提供了外部保障，这一时期日本发展的一个显著特点就是以速度为核心。

快速增量发展期（1946—1989）："二战"结束到 20 世纪 80 年代的高度产业化时期，也是日本现代化建设的新起点。 日本将追赶欧美作为其奋斗目标，选择了经济立国的复兴战略，以实现国民经济现代化为中心，确立了追赶型现代化道路。 从国际地位局势看，日本基于亚非拉国家政治上的独立及振兴本国经济的迫切需要，获取了大量廉价的劳动力和广阔的市场。

高质量战略发展期（1990 年至今）：自 20 世纪 80 年代起，日本就处于工业化转变的富裕社会时期，新科技革命的兴起为其带来了发展机遇，日本掀起了科技革命高潮。 在科技革命方面，日本是实行最快、最彻底的国家，在短时间内获得了奇迹般的经济复苏，并成为世界经济大国。

②日本推进现代化建设的政策措施

一个国家现代化的实现及其实现的程度，与其特有的国情条件、制度因素、生产力水平结合在一起，这些因素影响并制约着现代化的实现。

经济方面。 一是改革土地所有制和税收制度。 根据新地税制度，明治政府在全国征收统一稳定的货币地租，为发展资本主义的工业、矿业、交通、金融进行原始资本积累，农民转化为雇佣工人，为城市化发展奠定了基础。 二是实行"殖产兴业"政策。 大力发展资本主义经济，通过创办国立银行来加快铁路的修建和电报、邮政等通信机构的设立。 大力引进西方先进设备和科学技术，聘请外国高级知识分子，学习先进的经济管理制度。 日本在明治维新后资本主义经济出现了发展的高潮。 日本采用"倾斜生产方式"，实施"产业合理化"来恢复经济。 20世纪60年代中期，日本进入高度成长期的经济循环时期，并于1968年成为资本主义世界第二大经济实体。

政府方面。 一是通过推行"版籍奉还""废藩置县"，通过施行取消封建诸侯的领地和统治权等具体措施，实现了长期以来封建割据局面的更迭，建立中央集权的统一国家。 创立了内阁制，采用了议会制，巩固了日本近代天皇政权。 在法律方面，日本首先颁布《刑法》，后又以《普鲁士宪法》为蓝本制定并颁布国家根本大法——《大日本帝国宪法》，接着公布了《明治民法》。 二是改革封建等级制度，宣布贵族与平民平等，取消武士特权。 封建武士阶层宣告瓦解，少数持有巨额公债的武士变成资本家和地主，多数武士变成城市贫民、小商人或者出卖劳动力的无产者。 政治体制的民主化和法制化日趋完善。

文化教育方面。 实行"文明开化"政策，改革教育制度。 "文明开化"是指科学教育事业的近代化和普及化。 日本高度重视教育事业，教育改革是实行各项改革的根本环节，教育改革方针有3条：普及初等教育，提高国民知识水平；创立科学技术教育机构，培养科技指导队伍；推行全民教育，快速推动了欧美先进科学技术的社会推广。 经过系统性教育体系变革，日本教育体系，无论是初等，还是中等、高等学校，均取得了长足的发展，科技人才辈出，这是日本经济发展较快的重要条件之一。

（2）日本推进现代化建设中面临的问题

日本文化现代化的过程伴随着封建社会文化向近代文化的转变，核心是科学技术和教育的广泛普及。 在推进现代化进程中，其主要面临如下问题：

泡沫经济破裂，造成长期严重影响。 1991年，由于股市暴跌和房地产市场的急剧趋"冷"，银行金融机构资产急剧缩水，不良资产率不断攀升，日本经济快速步入下行通道，面临经济崩溃的严重困局。 而在 1997 年发生金融危机之后，日本的经济雪上加霜。 此后，日本经济历经了 20 多年的低迷期，已成为世界上政府负债非常高的国家，并且至今经济上行压力持续，反应依旧冷淡。

内需的有限性，制约了经济的发展。 日本经济外向型程度高，世界其他国家（地区）的进口需求构成其外向型经济存续发展的重要需求基础。 与此同时，日本出口贸易具备显著的比较优势，这使得日本与贸易相关的国际收支长期处于顺差地位。 在经过长期的现代化发展后，日本的国内发展已经达到饱和状态，现代化的内源动能日趋式微，无法形成可持续的稳态驱动力，这一内源驱动的缺失极大地限制了日本现代化建设，成为桎梏日本现代化进程的关键约束。

政权迭代频仍，政策不稳定和非连续性凸显。 日本政府实行多党派制度，多年来，自民党和民主党交相更迭，民众普遍表示，日本政治经济存在严重的错位发展短板，经济发展超前于国内政治发展。 由于政治体制领导集体乏力，加之政权更迭频仍，宏观政策呈现出显著的不确定性，这极大地引致了日本社会经济发展的政策风险，社会经济发展规划的缺失与执行问题进一步加重了日本社会经济发展的政策桎梏，极大地限制了日本社会经济进一步现代化的发展进程。

人口老龄化和少子化现象，成为制约经济发展的关键资源禀赋约束。 当前，日本人口增长乏力，囿于人口老龄化问题与生育率持续走低导致的人口自然增长乏力，日本人口数量急剧下降，极大地削减了日本国内劳动力数量，成为阻碍经济发展的重要人力资源因素。 一方面，日本无论是结婚率还是生育率都呈现出下滑的态势，与此同时，青年人结婚的年龄也大为延后，人口的代际更迭速度减缓。 另一方面，囿于日本特定的人口结构，加之医疗卫生水平提升了日本的人均寿命预期，日本人口老龄化问题突出，65 岁以上人口占比已达到 24％，这加大了社会的赡养压力，基本上每 4 个人中就有 1 个老人，这也使得日本的社会劳动力供给大幅削减，极大地破坏了整体经济体系的人力资源要素基础。

受地缘政治经济制衡严重。 中国作为日本的第一大贸易国，占日本总贸易额的近 20%，中国作为单一国家占日本国际贸易体量比例高企，日本贸易的单一国家依赖度较高。 与此同时，日本仅仅占中国贸易额的 10%，这种双边贸易的不对称性，一方面加大了日本的贸易逆差，使得日本国际收支情况进一步恶化，另一方面单一国家依存型的贸易结构也使得日本经济存在着较大的外向不确定性。 此外，以"日美同盟"为表征，日本在军事政治上对于美国高度依赖，这种高度依赖的地缘政治关系极大地桎梏了日本宏观政治经济政策的设置与执行，同时也极易促发日本民众对于政府的不满，成为日本政治经济稳定发展的潜在风险因素。

（3）日本科技现代化建设的进程及政策措施

"二战"以后日本全力追赶先进国家，而实现其经济高速增长的原动力就是科技创新。 发端于 20 世纪 70 年代，世界范围内逐渐出现石油危机等种种经济危机，日本面对这一情况充分发挥了持续不断的科技创新的突破性作用，特别是对产业的支撑和产业的升级，大力推进应用科技转化，通过"跟随式"创新方式，持续构建经济社会建设性创新的经济禀赋，使日本逐渐发展成为制造强国和科技创新强国。

日本科技现代化进程分为 3 个阶段。

①传统科学技术创新发展时期(1874—1995)

第二次世界大战以后日本经济迅猛发展，凭借科技创新能力，不断完善国家创新体系，10 年就成为世界经济强国。 日本科技创新推进国民经济可持续发展。 "科技立国"战略模式起源于 20 世纪 70 年代"科技创新立国"战略思想的实施。 日本技术革新需求呈渐强的趋势，对经济发展战略加强研究与开发，加大教育方面的投资。 自 1998 年进行优化和调整，希望强化科技创新能力，日本 R&D 经费占 GDP 比重一直保持在 3% 以上，在全球经济分工占有利地位，全面提升国际竞争能力，并呈现逐渐增长趋势（至 2015 年达到 3.67%），始终位于发达国家前列。

②现代科学技术基本发展时期(1996—2013)

日本积极参与全球竞争，积极构建以高端制造业为基础的价值链生产服务体系，重视科技创新对于经济社会发展的推动作用，夯实科技创新基础与人力资本体系，着力发展知识经济，强化知识要素与资本要素的互补性关联，通过上述政策措施积极应对现实经济社会发展中面临的问题。 在此过程中，日本将与产业发展密切相关的科技、实用性研究与制度建设作为社会经济改革重心。

③新一轮科技创新战略时期（2014 年至今）

为推动经济复兴与国家复兴，实现"新层次日本创造"，日本认为科技创新是其中的重要推动力，并且提出要依靠新一轮科技创新使日本成为"世界顶级创造强国"和"世界最宜创新之国"。 2016 年，日本政府发布了《第五期科学技术基本计划（2016—2020）》，并且首次提出了"社会 5.0"概念，而在随后的《科技创新战略 2016》中沿用了这一概念，即超越"工业 4.0"的"超智慧社会"概念。 日本期望通过这一经济发展理念引领工业乃至整个经济系统的科技创新，进一步释放科技创新对于社会经济变革的驱动作用。 与此同时，转变社会发展模式，在世界主要国家中率先实现"超智慧社会"。

（4）日本推进科技发展现代化建设的相关经验、面临问题及借鉴启示

浙江推动高水平现代化全面建设，实施创新驱动发展战略，加快创新强省建设，着力构建"产学研用金、才政介美云"十联动创新创业生态系统，为"两个高水平"建设提供有力的科技支撑。 日本在较短时间内，实现了从准工业国向世界性工业强国的发展，依赖于其在工业化赶超过程中，将科技创新与科技禀赋积累作为科学技术发展的重点，极大地提升了整个社会经济的科技内涵与全要素生产率，促进了社会经济与综合国力的提升。 国际权威研究机构"汤森路透"发布，2015 年全球创新企业百强日本以 40 家力压美国的 35 家高居榜首。 日本的国家创新质量（Innovation Quality）位列世界第三。也就是说，日本的创新为其聚焦发展做出了突出贡献，实实在在地体现了日本国家的创新实力。 日本在科技创新与科技禀赋方面所积累的丰富经验，无疑是值得我们学习借鉴并运用到现代化建设进程之中的。

①日本推进科技现代化建设的相关经验

重视科技布局和开放共享。 科技创新的装备研发制造是实现科技现代化的重要基础，这一方面有赖于科技的创新，另一方面则依赖装备研发制造体系的创立与发展，是推进基础研究与前沿科技研究的重要装备基础。 有基于

此，文部科学省等科技主管部门为代表的政府机构，高度重视完善科研基础和共用科研设施。

强化科技人才培养和吸纳。 一直以来，日本将人才作为最大的财富，高技术人才是关键所在。

注重科技成果转化与应用。 日本创立并发展了"产、官、学"三位一体的科研体制，夯实了以科研机构、高校为代表的科研力量的政策公共供给；与此同时，通过"以民掩军""寓军于民"的国防工业体系，有力促进了研究成果与产业、国防工业的深度融合。

②日本推进科技现代化建设面临的问题

日本现代化水平并不平衡。 日本的现代化进程与美国、英国等欧洲国家的现代化进程不尽相同。 继美、英之后，日本以经济体系现代化为核心，将产业当作文化来发扬和采纳（丁婧，2013），现代化建设始于经济现代化，形成了完善的经济现代化体系；与此同时，造成了经济、文化、社会、政治 4 个现代化体系间存在的不平衡现象。

政治体系现代化程度滞后。 第二次世界大战前，日本的政治现代化水平不高，一方面是由于日本政府限制政治现代化的发展，另一方面是日本民众对科技现代化的各项举措不容易接受。 但是，第二次世界大战后，日本政治体系现代化程度不断提高。

社会体系现代化程度缓慢。 由于精神现代化观念的各项举措实施不力，日本在"二战"前由于 4 个子体系的不平衡性导致的矛盾冲突源源不断。"二战"后虽然进行改革，但是制约社会经济发展的要素迭代发展缓慢，前现代性因素依然存续，日本整体社会呈现出现代化发展阶段的交错叠加，不利于科技现代化的发展。

③日本推进科技现代化建设的借鉴启示

持续加大基础性研发创新投入。 日本在"科学技术发展计划"中多次提出强化整体基础研究的重要性，旨在构建以科技创新为基础的创新型发展模式。

一是加强研究设施与设备的社会供给，强调发挥政府部门与市场对于关键科研装备的系统供给保障，建立可持续的供给体系，形成装备基础夯实的公共科研基础设施供应体制，为基础研究和前沿研究提供强有力的供给保障和体制保障。 日本政府，高度重视公共科研基础设施供应体制建设。 通过优化科研装备的集约化配置，夯实科学研究与创新的基础设施供给。 完善基础建设，以基础设施供给促进城市现代化理念的落地，打造新型城市。

二是出台配套法律法规，实施重大科研设施共建共享战略。 日本政府高度重视重大科研设施建设的经费合理使用，为了提高经费使用效率，集约化建设公共科研基础设施供应体系，大力压降粗放型的基础设施重复建设和冗余供给，注重先进研究设备的最优化利用，在 1994 年出台了《促进特定尖端大型研究设施共用的法律》，明确经费使用措施，对特别重要的大型研究设施建设加大投入力度，强调共享共用。

三是设置专项计划，搭建公共资助研究成果的共享共用体系。 为了集约化利用公共研究设备，提高科研设备的公共服务水平与质量，日本政府大力推行科研基础设施的共享共用，打破了科研设备定向供给、受众有限的壁垒。通过设立共享共用体系，设立"共用平台建设支援计划"，采取竞争性策略，经费使用倾向于支持大学、研究机构等设施设备的共建共享共用。 除此以外，文部科学省还通过导入新型设施共用系统，搭建产业界、政府部门、研究机构、院校共用的"四位一体"式设施平台。

四是推进建设联合研究基地，谋求技术领域的交叉变革。 近年，文部科学省还新设立"具有特色的联合研究基地建设——启动援助"计划，该项计划专门支持具有研究潜力的研究所，专业研究领域的研究所与本专业领域外的研究人员开展设施共用和联合研究，借助特色联合研究基地平台，实施跨学科领域研究人员的合作机制，不仅提高了研究领域的整体研究水平，而且通过交叉技术的整合创新，新的学科门类应用得以催生，开发了学术研究潜力，提高了整体的研究水平。

五是着力培养创新型高层次科技人才。 培养创新型高层次科技人才是日本长期以来实施的科技创新战略，特别是对提高技术人才的培养。 为了培养创新型高层次人才，日本政府针对国情社情采取了三大措施。 首先，加强顶层规划，确保培育科技人才作为指导日本科研工作的规划性文件，鼓励跨部门人才流动，以免造成思想僵化、知识固化；增加女性科研人员数量，应对日本"老龄少子化"问题；增加外国研究人员数量，充分利用国外先进知识和经验。 其次，实施科研经费倾斜政策，鼓励科技人员进行科学研究。 文部科学省的"科学研究费助成事业"，是面向日本科研人员，内容涵盖从人文科学、社会科学到自然科学的全学科领域。 再次，营造良好氛围，加强科研人员培育。 一方面，规划青年研究人员的职业发展道路，如对大学高级研究人员采用年薪制，增加面向青年研究人员的终身制岗位；另一方面，激励青年科研人员的研究热情，设立专项计划，资助青年科研人员；如文部科学省通过其下属的日本学术振兴会的"特别研究员事业"等，专门资助青年科研人员，通过"研究基地建设事业"等，推动日本国内国外大学间的合作。

六是明确以科技立法为创新规范。 日本是一个法制化程度很高的国家，科技立法是日本法治化进程中的重要内容。 日本通过科技立法为创新活动提供强大的法律保障。 日本在 1995 年实施《科学技术基本法》，之后通过制定五年一期的"科学技术基本计划"来推动国家战略的发展。 2014 年日本通过修订《内阁府设置法》将设置于内阁的"综合科学技术会议"改组为"综合科学技术创新会议"。 与日本相比较，在我国"大众创业、万众创新"的潮流下，我国科技创新立法理念、立法规范等与科技创新的发展速度不相匹配，地方科技创新立法重复上位，立而不用。 明确和优化既有科技创新立法体系，形成一整套完善的科技立法体系，重视科技立法责任配置的具体性、操作性和可执行性，是日本实践的重要经验，也是我国需要解决的短板。

七是做实科技平台建设与技术强化功能。 日本通过"产、官、学"三位一体的科研体制和"以民掩军""寓军于民"的国防工业发展模式，有效推动了研究成果向产业界和军事层面转化。 一是规范制度体系，"产、官、学"三位一体的科技开发和成果应用互补互动。 政府部门、产业界和学术界互动融合，形成互相依存、协调运作的政府、产业、学界一体化的研发体系。 二是设立各种中介机构，从机制上促进成果转化。 充分发挥日本众多民间工业行业协会、行业协会的桥梁作用，主要负责为军方决策提供技术咨询，并指导民间企业生产。 三是建立信息发布交流机制，从平台建设上加快成果转化。日本防卫省十分注重通过建立统一的军民信息交流平台和顺畅的信息交流机制，实现军民成果间的顺利转化，为民间企业获取装备科研生产信息提供公开途径。

3.2.3　德国推进现代化建设的进程与经验借鉴

（1）德国推进现代化建设的进程及政策措施

①德国推进现代化建设的进程

1870 年德国统一，德国开启了工业化和资本主义大发展的历程。 自第二次工业革命以来，德国一直重视重工业发展，较高垄断程度的德国重工业极大推进了德国工业的规模化发展，大银行、大工业、大铁路等规模化经营促使大规模的垄断企业与垄断竞争的市场结构成为德国资本主义发展的主要模式，德国资本主义经济得以迅猛发展，并迅速实现了工业化。 20 世纪末，德国 GDP 达到了 2.20 万亿美元，人均 GDP 达到了 2.68 万美元，分别位列世界第三和第十三。 步入 21 世纪，德国率先提出了"工业 4.0"计划，积极推进工业向智能化发展，虽受 2008 年全球金融危机及欧元区经济发展滞缓的影响，2018 年德国 GDP 突破 4 万亿美元，人均 GDP 达到 4.75 万美元，分别位列世界第四和第十八，德国从经济现代化与产业现代化切入，不断推进现代化发展。

②德国推进现代化建设的政策措施

现代化初期迅速将发展重心从轻纺工业转向铁路建设领域，并以此拉动重工业发展，迅速完成了初始工业革命进程。

现代化中期大力推行传统工业领域新技术的改造，以此推进新兴电气、化学工业的崛起，使德国成为先进工业国家。 与此同时强化了政治现代化与社会治理现代化建设，补足了相较于产业、经济现代化的发展滞后短板，现代化水平跃居发达国家前列。

高水平现代化发展期引领产业技术革命，推出"工业 4.0"计划，强调产业智能化、互联网化发展，催生了机械制造产业、汽车制造产业、化工产业、电气工业等智能制造业、高端装备制造业的跨越式发展。

③德国推进现代化建设中面临的问题

政府治理现代化、社会现代化发展滞后，制约经济、产业现代化发展，现代化发展不平衡问题凸显。

产业现代化制造业偏重，产业结构发展失范，经济现代化产业发展主导，消费市场发展滞后，消费现代化与产业现代化失配严重。

（2）德国产业现代化建设的进程及政策措施

第一阶段：战后初期，财政上的支持仅限给予基础工矿业、交通运输业，对农业的价格控制和财政补贴。

第二阶段：步入 20 世纪 60 年代，西方发达资本主义国家相继采取补贴等产业政策，助力国内企业和产业的发展。为了应对这一日趋激烈的国际产业竞争，德国在产业政策与贸易政策方面推行了大量的战略性政策，以期抚育国内产业与企业的发展。对造船业的成本补贴和贷款利息补贴、对航天航空业研发补贴，极大地推动了这两大产业的核心技术研发、核心竞争力培育与核心产品孵化，推动了这两大产业的发展。与此同时，对于机械制造和石化等国民经济支柱产业，施行税收优惠政策，产业政策效果显著。

第三阶段：发端于 20 世纪 80 年代，世界产业、经济竞争的高科技竞争内涵日益凸显，国家的技术禀赋优势成为国与国之间产业竞争、经济竞争与综合国力竞争的主要阵地。在这一历史背景下，德国以推进产业技术进步为宏观经济政策目标，系统制定了科技研发的政策支撑体系，为产业科技发展提供有力的政策支撑。德国的产业科技政策，主要集中于两类：第一，以研发补贴、税收优惠等间接性政策引致的研发计划和新技术应用；第二，以政府转移支付等直接性政策引致的选择性研发活动。

第四阶段：进入 20 世纪 90 年代以后，经济一体化成为世界经济发展的重要现象，以全球一体化与区域一体化为表征，世界各国的经济关联越发紧密，伴随全球一体化进程，发达国家与发展中国家的经济关联也得到了极大的拓展，发展中国家对于西方资本要素与技术要素的需求，促使了南北贸易的极大发展。在这一背景下，德国政府大力支持、引导中小企业参与出口市场，鼓励其研发培育出口产品，为中小企业的外向型发展奠定了政策基础；财政支持向中小企业倾斜，主要表现为通过偏向性的政策供给，解决高科技项目的融资可得性与融资成本稳态问题，解决中小企业科技成果转化的技术支撑约束问题。

第五阶段：步入 21 世纪，德国制定国家产业发展战略，率先推行"工业

4.0"发展战略，积极促进工业发展的智能化、高端化发展，围绕人才培养、教育、要素配置与市场引导推出一系列综合政策，推进德国产业现代化发展。

（3）德国推进产业现代化建设的相关经验、面临问题及借鉴启示

①德国推进产业现代化建设的相关经验

政府资本引导与社会资本参与共驱。政府通过设立产业基金等形式，供给政府产业引导资本，盘活社会资本参与产业发展。

政府战略性产业政策引导。政府科学制定战略性产业政策，引导产业发展方向，通过政策红利配给，加快产业孕育、孵化与发展，引导生产要素向战略性产业集聚，加快产业的转型发展。

完备产业链、要素市场产业发展支撑。搭建完备的产业链，建立充分竞争、富有配置效率的要素市场，为产业发展提供产业链基础、要素市场条件。

学历教育与职业教育并存的产业教育驱动。搭建产业可持续发展的多元人力资源基础，学历教育与职业教育并重，为产业多元发展与产业智能化发展提供了坚实基础。

②德国推进产业现代化建设面临的问题

第一，产业数字化发展趋向加大产业智能化发展市场压力，政府主导的产业发展受市场化扭曲严重。

第二，国际经济体系反全球化趋势凸显，德国产业发展的国内市场承载力薄弱问题凸显。

第三，全球价值链体系压迫制造业经济利润空间，扭曲产业发展导向。

③德国推进产业现代化建设的借鉴启示

着力推进高端产业重点突破，以高精尖产业发展带动产业链与工业体系建设，搭建梯度有序的产业梯度，形成基础产业夯实发展、创新产业跃升发展与高端产业跨越式发展的产业发展格局。

充分发挥政府宏观调控作用，优化政府产业政策、产业规划与政策红利供给，引导基础产业、高端制造业、精密制造业、数字产业社会资本参与、社会要素投入与社会主体参与，推进产业跃升发展。

加大教育、基础领域科研攻关、人力资源梯度体系建设，夯实产业发展人力资本基础、知识经济驱动。

建立产业发展信贷定向配给体系，压降高端制造业融资成本，降低融资准入。拓宽融资渠道，加快推进资本市场发展，形成知识产权、股权等多种方式抵（质）押的信贷供给渠道，解决产业经济发展的"融资难、融资贵"问题。

3.2.4　韩国推进现代化建设的进程与经验借鉴

（1）韩国推进现代化建设的进程及政策措施

①韩国推进现代化建设的进程

1961—1979 年，韩国年均经济增长率达到 9.2%，缔造了经济发展的"汉江奇迹"。这一时期，韩国通过建立完善全国粮食生产与供给体系，稳定了全国的粮食供应，极大提升了农业部分劳动生产率，释放了大量的农村劳动力及其他要素，韩国现代化与工业化获取了大量的必要生产要素，韩国得以从传统农业国快速地向工业化和现代化国家转变。步入 20 世纪中叶，韩国通过强化高速公路等基础设施建设，给 20 世纪 70 年代其经济的起飞奠定了基础。20 世纪 60 年代，韩国发展外向型经济，奉行"出口第一主义"，在贸易政策上施行了大量的战略性贸易政策，通过贸易补贴、出口退税、建立经济园区等多层次、复合化的政策，极大地扶持了韩国出口产业的发展。其中，围绕韩国劳动力要素禀赋充裕的特点，大力发展劳动力密集型产业，集约利用韩国在人力资源上的禀赋优势，推进了工业腾飞的资本积累。韩国年均 GDP 增速快速跃升到 1981—1990 年的 9.6%，这期间的 1986—1988 年，年均 GDP 增速更是高达 12%。GDP 的快速发展背后是韩国工业的国民经济占比的持续提升，达到 40% 左右；相应地，农业体量占比下降到 10%，工业经济取代农业经济成为韩国经济发展的主要驱动模式。进入 21 世纪，韩国经济有所起伏，2018 年名义 GDP 达到了 1782.27 万亿韩元，折合 1.62 万亿美元。

②韩国推进现代化建设的政策措施

现代化初期积极推行发展外向型经济，奉行"出口第一主义"，围绕自身经济禀赋，大力发展外向型经济，促进了经济的起飞。

现代化中期大力推行新兴产业发展，通过政府主导产业发展，推进文化产业、汽车业、电子产业等行业的长足发展，搭建了以高端制造业、服务业、文化产业为核心的现代产业体系，快速实现了经济发展由劳动力密集型向技术密集型与资本密集型的转变。

（2）韩国推进现代化建设中面临的问题

政府治理现代化、社会现代化与经济现代化发展失配。韩国在经济现代化层面取得了卓越的成绩，搭建了具有高附加值、较高竞争力与产业梯度的现代经济体系，但是由于民主发展进程的非独立性，在政府治理现代化与社会现代化层面发展呈现出与高水平经济现代化失配的现象，影响韩国现代化进程的可持续发展。

现代化多元内涵发展矛盾突出，现代化的内源驱动力弱化。现代化进程中经济现代化、社会现代化与政府治理现代化问题突出，成为阻碍现代化进程深入的潜在制约所在，集中表现为经济现代化与社会现代化之间矛盾的不可调和性，贫富差距拉大，社会和谐发展经济分配基础弱化，现代化的经济效应分配不均，现代化的内源驱动力弱化。

（3）韩国文化发展现代化建设的进程及政策措施

韩国文化现代化建设经历了文化与国家同步发展期、文化高质量发展期与文化现代化发展期三个阶段。自20世纪90年代开始，韩国提出"文化发展与国家发展同步化"发展目标，标志着韩国文化现代化建设正式步入文化与国家同步发展期。1997年后，韩国文化产业步入文化高质量发展期。2002年至今，韩国文化发展步入文化现代化发展期。

1986年，韩国政府将发展目标确定为"文化发展与国家发展同步化"。这一发展目标锚定，极大地奠定了韩国文化产业稳态发展的制度禀赋基础。1997年，东南亚爆发金融危机，这一系统性风险的爆发，也给韩国现代化建设带来了极大的外部不确定性，为了应对金融危机带来的经济发展困境，寻求经济发展新增长点，韩国政府调整产业结构，积极推进文化产业发展，提出"文化立国"方针政策，集中力量开发具备国际市场竞争力的高质量文化产品。1999年至2001年间，在步入21世纪的关口，韩国相继制定并颁布《文化产业发展五年规划》，用以引导韩国文化产业的长期发展。《文化产业前景21》则从战略视域提出了21世纪，世界政治经济文化发展的大浪潮下，韩国文化产业的定位稳态。 进一步地，《文化产业发展推行计划》和《文化产业促进法》则细化了韩国文化产业政策，从文化产业的具体发展路径、模式等维度做了制度探索。 上述一系列政策法规，廓清了韩国文化产业的发展战略，使得韩国文化产业发展形成了清晰的发展路径，通过中长期发展计划的锚定，夯实了韩国文化产业的发展定位基础，为其快速健康发展提供了制度基础。 2002 年至今，韩国相继制定出台《出版与印刷振兴法》《文化内容产业振兴基本法》《网络数字内容产业发展法》等，大力推进文化产业的现代化发展。

（4）韩国推进文化发展现代化建设的相关经验、面临问题及借鉴启示

①韩国推进文化发展现代化建设的相关经验

历史文化挖掘与新型文化创作并行，注重文化市场培育。 韩国注重历史文化挖掘，通过体系化、产业化与专业化的文化发展体系，极大地挖掘了文化遗存中的文化内涵、文化内容、文化品位与文化形式；通过文化产业化方式积极嫁接历史文化的再生产、演绎与传播方式，拓宽历史文化的产业化挖掘及运作。 与此同时，基于文化产业的产业链基础、人才基础与市场基础，注重新型文化创作，不断推陈出新型文化，从文化内涵、文化传播、文化表现形式等多个路径打造文化吸引力。 通过历史文化挖掘与新型文化创作并行，逐步培育了文化市场，形成了文化产品与文化市场有机结合的文化产业体系。

多主体、多维度推进文化产业化发展，形成专业化、市场化文化产业发展体系。 差异化文化发展主体职能，开放文化产业市场主体，政府着力制定设计文化产业政策，经济引导多元市场主体参与文化产业发展。 强化政府、市场文化传播双重机制建设，从历史文化、文化创新、文化产业化多个维度推进文化现代化发展。

创新文化传播载体，挖掘文化诠释新模式。 在文化内容制作的基础上，积极创新文化传播载体，如韩剧、综艺、音乐、舞蹈及饮食等，强化传播载体文化附着及文化承载力培育，挖掘文化诠释新模式。

锚定文化发展特色定位，深度打造文化品位层次，谋求文化外向度发展。精准定位文化发展特色，挖掘内涵文化特色，提升文化内容品位、文化传播品质，深度打造文化品位层次。 与此同时，注重国内文化市场培育建设及文化

出口，积极拓展国外文化市场，集中通过市场化、娱乐化、创意化方式拓宽文化出口边际，积极寻求文化外向度发展。

②韩国推进文化发展现代化建设面临的问题

文化产业化失范，过度依赖政府主导型文化产业化模式，文化内容过度开发，文化品位流失严重。囿于文化现代化的产业化驱动，存在文化产业化失范的发展症结，集中表现为文化内容过度开发、文化内容"快餐化""低俗化"趋向严重，文化品位脱离价值观轨道，文化品位流失严重。"快餐化""低俗化"文化市场受众定位单一、文化均等化发展严重不足，缺乏可持续发展的内容基础。

文化发展单一化，文化现代化内涵发展缺失。文化发展单一化，集中表现为文化"快餐化""低俗化"；文化现代化内涵发展缺失，呈现低水平发展趋势。文化产业化、现代化亟须高质量发展。

文化现代化去意识形态化严重，文化发展侵蚀社会发展文化基础。文化市场化导向严重扭曲文化意识形态内涵，"快餐化""低俗化"的文化发展及产业化市场运作，使得社会缺乏健康的文化环境，侵蚀社会发展的文化基础。

③韩国推进文化发展现代化建设的借鉴启示

强化文化发展的社会主义核心价值观规制，合理推进文化产业发展。树立社会主义核心价值观对于文化发展的规制引导作用，建立文化发展的价值观参照系，合理规制文化产业发展。

扩大文化市场开放，引导多元市场主体参与文化市场化发展。积极扩大文化市场开放，缓释文化市场制度壁垒，积极引导多元市场主体与社会资本参与文化产品市场化挖掘、创作、分发与传播，做大文化市场，完善文化市场体系，形成文化公共产品提供与文化市场产品供给双元的文化体系。

强化政府扶持与政策引导，合理推进历史文化开发、文化内容创作与文化产品研发分发，搭建政策—市场双驱型文化产业体系。

强化民众文化参与、文化建设与文化消费，提升文化产品供给，提升文化产品质量，实现文化现代化高质量推进发展。

3.2.5 美国推进现代化建设的进程与经验借鉴

现代化是一个进步过程，该过程是全球的、系统的、长期的、复杂且不可逆的。目前，美国是世界上现代化水平最高的国家之一，美国地区现代化过程具有一定的代表性，特别是美国城市发展现代化方面可给予许多借鉴经验。

（1）美国推进现代化建设的进程及政策措施

①美国推进现代化建设的进程

美国现代化的历史进程大致可分为近代化、现代化、后现代化（信息化）3 个时期。具体如下。

美国近代化时期（1814—19 世纪末）。整体而言，这是一个世纪之交的大转折时代，美国在其经济、政治、农业、工业等领域进行了各项转变，为美国现代化发展奠定了坚实的基础。

美国现代化时期（1898—20 世纪 90 年代）。19 世纪 90 年代至 20 世纪 90 年代，这一阶段既是美国现代化的发展时期，也是资本主义进入现代发展阶段的关键时间节点。这一时期资本主义不断经历改革与调整，其本身得到发展。在这一时期，美国的工业体系逐渐建立，工业生产能力迅速提升，以工业为主体的国民经济发展迅猛，由此美国也逐渐发展成为世界工业大国，于 1945 年成为世界头号超级大国，并一直保持至今。

美国信息化时期（20 世纪 90 年代以来）。这是美国信息化发展的新时期，这一时期以克林顿政府的新经济政策为主，出现了 20 世纪美国经济发展史上的第三个高速发展期（前两个高速发展期分别为 20 年代、60 年代），美国的信息化主要是以信息高速公路技术为代表，并得到了极大的发展，在高科技领域美国也继续保持着全球领先优势，这些都使得美国继续作为现代化发展的典型代表。

②美国推进现代化建设的政策措施

现代化发展时期，美国在不同的历史阶段，面对着不同的社会问题。为了缓解社会矛盾，构建和谐社会，加快现代化进程，政府需要采取有针对性的解决措施。

经济复兴计划时期。 20 世纪 70 年代，美国出现了传统的凯恩斯主义政策所无法彻底解决的"滞胀"现象。 当时的经济情况可归结为"三高"和"三低"：高通货膨胀率、高失业率、高银行贷款率，低经济增长率、低劳动力增长率、低储蓄增长率。 为了摆脱这一困境，美国政府采取财政、货币、国内体制改革、对外经济等多种政策措施帮助其经济走出"滞胀"困境。

"新经济"时期。 20 世纪 90 年代美国经济持续高速增长，因其超越了"菲利普斯曲线"的解释范围而被称为"新经济"。 信息产业的发展、科技创新和金融创新是美国 20 世纪 90 年代出现新经济的主要表现。

科技创新发展时期。 科技创新是 21 世纪经济发展的强大推动力，美国之所以能够在较长时间内维持其世界强国地位，强劲的科技创新优势是主导因素之一。 进入 21 世纪以来，"创新"和"竞争力"成为美国科技创新政策和战略的核心思想。 美国的科技创新之路并非一蹴而就，而是经历了长期的历史演变。

③美国推进现代化建设中面临的问题

美国财富集中，贫富差距增大。 19 世纪末至 1910 年，美国的财富日渐集中，1979 年以后，美国贫富差距再次扩大。 而不断加剧的财富集中威胁着美国社会的整个基础，也导致了日益扩大的贫富差距，从而引发了一系列社会问题。

自然资源浪费，生态环境恶化。 工业革命促进了美国的工业化和城市化的迅速发展，但与此同时也在很大程度上造成了自然资源的浪费，而以牺牲自然环境为代价的现代化发展也带来了诸如环境污染、自然灾害等一系列恶劣后果。

资本主义制度弊端凸显，经济危机频发。 资本主义的经济危机具有周期性，美国平均每隔四五年就会发生一次经济危机，每一次的经济危机都会使得普通民众境遇恶化，加重对工人阶级的压迫，扩大社会民族间的鸿沟，加剧资本集中，加大贫富差距。

（2）美国城市发展现代化建设的进程及政策措施

城市化是一种全球性的现象，不仅是生产发展过程，更是客观历史进程。世界上发达国家中美国是拥有地方政府数量最多的，在几百年的城市发展和城市治理过程中，美国进行了卓有成效的探索。美国城市现代化极大地推进了美国整体现代化进程，其发展经验具有较强的典型性。浙江城市化近年来发展迅速，随着城市化的推进，陆续出现了生态环境恶化、产业结构过时、区域经济差距大等问题。因此，选择美国作为研究对象，结合浙江当前的城市化特点和问题，通过对美国城市发展现代化建设进程和经验的研究总结，为浙江城市现代化发展提出参考意见。美国城市发展现代化大致可以分为以下几个阶段。

第一阶段是集中型城市发展现代化。西班牙裔的殖民者于1565年制定了"圣·奥古斯汀规划"，并按照这一规划建设了美国早期的西班牙风格城镇。波士顿于1630年就已发展成颇具名气的贸易和商业中心。至1810年，城市的数量增加到46个，并且全国人口中城市人口占比已达7.3%。美国自19世纪40年代后，开始了第一次的工业革命，城市工业的发展推动了城市化的进程。至20世纪前20年，伴随着现代交通的发展，美国城市的数量不断激增，其城市的规模也在不断扩大，城市规模半径已扩展到10英里以上，同时附加的城市功能也越发健全、不断丰富，美国已经基本形成了全国性的现代城市化体系。至1920年，美国人口总数就已达到1.067亿，其中城市人口超过全国人口总数的一半，达到5416万人，标志着美国城市化已经基本完成。

第二阶段是分散型城市发展现代化。自1920年以后，美国城市发展由集中型城市发展转变为分散型城市发展，主要特征是城市不断地向外拓展和分散式发展，而主要发展的标志就是其"大都市区"的形成和城市郊区化发展。在这一发展过程中，美国城市不仅实现了数量上的增加，还得到了质量上的提升。从19世纪末到20世纪初，美国出现了城市郊区化，因为城市的"辐射力"超过其"向心力"，所以人口和产业活动开始逐渐从中心城市迁移到郊区。美国在20世纪50年代提出在郊区建设小城市，1968年，美国国会通过了"新城市开发法"，随后又实施了"示范城市"实验计划，以此推动城市郊区化发展。

在进入20世纪80年代后，美国的郊区产业活动开始不断增加，而城市功能也逐渐向郊区转移，这一阶段城市发展使得其空间形态由单核个体发展向多核分散布局。本阶段美国的城市化进程主要表现为大型都市区的优先发展。在1940年至2000年之间，美国大都市区的数量不断激增，由原有的140个增加到331个，接近2.2亿的人口也占了全国总人口的80%以上。同时，大都市带（也称大都市连绵区）也在美国出现，至20世纪后半期，美国城市化发展开始颠覆以前农村人向城市集中的路线，转变为美国全国的城市人口都涌向大都市，特别是大都市带。

第三阶段是"创新城区"兴起。21世纪以来，全球进入创新驱动发展阶段。就美国城市发展近年来的情况来看，其大城市创新创业企业的空间经济活动呈现出显著集聚特征，符合经济发展的空间集聚特征与集聚地理特征，主要表现为这类企业持续向传统老城区与中心城区集聚，这一市场主体的空间集聚也极大地引致了经济要素的空间集聚，使得新的创新空间得以通过市场主体空间集聚的方式建立。布鲁金斯学会于2014年发布了《创新城区重构美国创新地理版图》报告，在报告中布鲁斯·凯茨首先提出了"创新城区"（Innovation District）的概念，廓清了创新城区的理论定义，并将其视为颠覆并推进城市增长与发展的新模式与新路径，这一差异化的模式或路径，引致了新的经济活动的空间存续，推动了区域创新生态系统的搭建，使得原有旧城区、旧工业区得以通过吸纳外源经济要素与发展动能，重新焕发生机。

（3）美国推进城市发展现代化建设的相关经验、面临问题及借鉴启示

浙江为推进新型城市化健康发展，深入实施新型城市化战略，根据《国家新型城镇化规划（2014—2020年）》与浙江规划等重要文件，梳理美国城市发展的历史进程及最新进展，学习借鉴美国在城市发展方面先进的理念和经验。以完善城市治理体系为支撑，增强城市可持续发展能力；以创新推动产业转型为重点，提高城市综合竞争力；以建设创新城市为导向，提升城市的创新力和竞争力，加快转变城市经济发展方式，主动推进产业转型升级。

①美国推进城市发展现代化建设的相关经验

突出城市性质及功能，体现鲜明个性特征。美国城市现代化发展，具有差异化定位与发展模式的典型特征，根据城市发展定位的不同，可以构建具备不同城市功能、城市服务与城市基础设施的城市建设模式。例如，纽约是国际金融中心、国际贸易中心；华盛顿是全国政治中心；夏威夷作为旅游城

市，旅游业是该市的主要经济支柱。 总体来说，美国城市发展的功能定位驱动和目标选择驱动，极大地推进了美国城市的现代化发展，不同城市基于不同的发展定位，紧密贴合城市发展目标、功能展开规划与发展，呈现出"百花齐放"的城市发展模式与城市发展路径。

注重市容卫生及环境保护，强调以人为本。 美国城市建设与发展较为成功的经验之一就是注意保护自然环境和市容卫生，突出以人为本。 美国城市整体环境较和谐，城市开发与以人为本的人本观紧密融合；城市建设在提供公共服务与公共基础设施的同时，通过设立或建设绿地、公园等公共建筑，实现了对城市人口居住、休闲等功能的集约化供给；以人为本的理念也体现在居民区建设之中，对居民区宁静、整洁、宜居等居住属性的植入，为人们居住提供了系统的良好的生存环境和发展空间。

强化城市法制及规划，增强培养法治观念。 美国政府制定了涉及市规划、城市建设与城市管理等多个领域的法律法规，法律制定与法律执行体系互为补充，构成完整的法律体系，且具有相当的独立性和权威性。 城市建设与发展的各个管理部门各司其职，职责分明。

重视城市交通及通信，完善基础设施建设。 美国极少出现塞车现象，这主要归功于其城市规划的科学性，以及对交通基础设施建设的重视程度。 在美国，城市内部道路通畅，城市与城市之间也因四通八达的高速公路而缩短了距离；美国的空中交通基础设施建设十分齐全，其空中运输也十分发达，美国仅纽约就有 4 个大型机场，所以空运已经成为多数美国人出行的方便快捷选择；美国的通信基础设施建设也很完善。 发达的交通、便捷的通信等基础设施是一个城市发展程度和规范水平的显著标志。

紧密联结城市更新，重视"枢纽型"机构。 美国城市发展将推进创新城区建设与城市更新规划紧密融合在一起。 规划实施初期政府积极引进创新源，在与大学、研究院及大型企业进行合作，通过建立大学分校、研究中心、企业总部等机构，为片区发展打下了创新基础。

积极倡导合理用地，制订长期弹性规划。 政府重视城市土地的混合利用开发，提倡通过合理的用地配比，实现功能复合，即增加商业、居住、混合使用等用地。 制订长期且弹性的发展规划，保留片区发展灵活性。 对于周边情况复杂、近期无法确定主要功能和开发主体的地块，采取弹性发展策略，暂不确定具体功能，只提出未来发展的目标意向和备选功能，未来条件成熟时补充制订详细方案。

形成可持续资本与融资，重视社会创新网络建设。 美国创新城区在规划时需制订特殊的投融资计划，作为该地区吸引资本、推动建设的实施路径。政府要加大对硬件基础设施的公共供给，充分发挥硬件基础设施对于城市发展的基础性作用；与此同时，推进社会创新网络建设，强化创新网络对于城市资源的整合配置，搭建由行业协会、创新孵化器、创新发展政府机构等为载体的社会创新平台，增加各创新主体之间的正式与非正式联系。

②美国推进城市发展现代化建设面临的问题

城市承载负担过重，生态环境逐渐恶化。 美国城市前期迅速集中和后期快速扩展的过程中，自然生态环境遭受了极大的破坏。 城市郊区和交接地带不断开发，森林绿地破坏严重，城市的快速发展使得特大城市超负荷承载着每天川流不息的车辆和人们日常生活的消耗，工业生产的废气废水日益增多，噪声扰人，加上城市废弃物处理不善等问题，造成美国城市大范围的环境恶化。

城市发展弊端浮现，"大城市病"增多。 城市地价房价高起，交通拥堵，居住成本居高不下，对人才和企业产生挤出效应，亟须提高城市包容性和发展活力。

城市异质性增强，原有秩序受到冲击。 城市的迅速发展，使得城市中混杂着各种语言、宗教、种族和伦理，不同的文化背景、风俗习惯、观念差异导致城市中原有秩序遭到冲击。

③美国推进城市发展现代化建设的借鉴启示

坚持因地制宜、促进特色发展。 浙江可按照不同地区资源环境承载力，根据省域统筹、地方主导的方式来形成符合实际、各具特色的城市发展模式。一方面，不断致力于都市区中心城市能级的全面提升；另一方面，对于紧邻都市地区的外缘，需与中心城市形成一定的区域性核心节点，两者之间应该合力分工、融合互动、联动发展，不断完善紧邻边缘区域的综合服务功能。 加强大城市的辐射能力，强化城市特色产业，在引导区域中心城市特殊化发展的同时，需要适当提高设区市的市域统筹发展能力。

推动基础设施建设，改善城市生活质量。 浙江的发展需要依靠完备的基础设施建设，所以应加快对主导城市区域轨道交通网络和中心城市综合交通枢纽的建设，在都市区域内不断提升通勤便利化的水平。 高端产业、人才、要素以及高端公共服务资源的合理配置都是改善城市生活质量必不可少的组成部分，需要不断优化中心城市及其边缘临近区域的基本公共服务资源配置，以应对城市居民对医疗、教育、文化等方面的需求。

加强产业互补，推进产城融合。 积极培养城市主导优势产业，实现错位互补发展，推进经济结构转型发展和产业结构优化升级，发挥核心城市的引擎力量，进而推动区域城市化整体水平的提升。 首先，应协调大城市之间的专业化分工，努力展现大城市的特色专长；其次，在着力发展大城市的同时，应适时推动周围边缘中小城市的产业转型升级，不断提升其对产业的承接能力；最后，以特色鲜明与优势互补为中心，构建大中小城市的产业发展格局。积极实施有利于要素集聚、产业拓展、空间融合的政策措施，努力形成高影响力、可持续发展的产业集群，协调发展制造业与服务业，推进信息化与工业化的融合发展。

积极调控流动人口，健全人口管理制度。 浙江省致力于推动城市形成以服务经济为主的产业结构，而面对由此带来的汹涌的流动人口大军，则需要顺应经济社会发展要求，遵循市场发展规律，积极调控人口，有序推进农业转移人口在适宜的城镇就业生活，逐步向市民转化。 建立与完善城乡统一户口登记制度，解决与之相匹配的人口统计、教育及住房等问题；推进人口管理规范化、信息化、专业化建设，并严格执行流动人口居住登记制度。

保护生态环境，坚持可持续发展。 保护城市生态环境一直是城市化可持续发展的首要之举。 浙江应致力于建设绿色低碳城市，将绿色城镇计划付诸行动，再现城市的绿水青山，不断修复城市生态环境，呈现好山好水好风光的城市风貌。 实施绿色城镇行动、建设海绵城市、推广绿色建筑、倡导绿色出行、推广绿色能源、倡导低碳生活方式。 坚持可持续发展就是坚持以生态为先、自然为要、科学为本，因地制宜地构建城镇空间形态，将城镇所特有的自然山水和人文景观作为其特色发展的核心竞争力。

以创新发展为动力，推进创新城市建设。对于浙江创新城市建设，培育和形成具有区域竞争力的科技产业集聚是其可持续发展、长期运行的关键。增强浙江城市创新力，建设高能级科创平台，提升国家级高新区发展水平，推动省级产业集聚区创建高新园区，力争每个设区市均设有规模较大和水平较高的高新园区。

3.2.6　英国推进现代化建设的进程与经验借鉴

英国是世界上第一个走向现代化的国家，且树立了一个成功的现代化范式，起到了先导作用。英国现代化进程给英国带来了巨大变化，尤为显著的是教育现代化。下面将从这方面来探索英国推进现代化建设的经验借鉴。

（1）英国推进现代化建设的进程及政策措施

①英国推进现代化建设的进程

18世纪末19世纪初，英国爆发工业革命，它开启了英国社会现代化发展进程。英国现代化进程大致如下。

准备阶段。从新航路开辟至17世纪末，英国积累了大量的原始资本，君主专制体制的率先确立，也为其工业革命的到来做好了政治上的保障。

启动阶段。发端于18世纪中期，一直到19世纪上半叶，这段时期对应的是英国的工业革命阶段，借由工业革命，英国社会经济生产方式急剧发展。伴随着生产工具以及生产能力的发展，社会关系也在一定程度上发生了变革，工业革命推进了英国"世界工厂"地位的建立。同时，英国期望通过实行社会立法来缓和社会矛盾，但仍未实现根本意义上的公正与公平。

发展阶段。发端于工业革命，一直到20世纪初，经历了两次工业革命的洗礼，社会经济急剧发展，社会生产方式的转变创造了巨大财富，使得英国跃升成为世界第一的资本输出国和殖民帝国，这一时期为英国现代化的发展阶段。

振兴阶段。自20世纪以来，英国在经过了两次世界大战后，其实力大受损伤，现代化因此而受到中断。但20世纪70年代后，英国加入了欧共体，开始了重新崛起之路。

经济恢复期（20世纪80年代—90年代）。在撒切尔夫人执政的11年中，英国的社会政治和经济面貌都得到了极大的改观，被称为"英国奇迹"。

科学创新发展期（20世纪末—21世纪）。 在面对日趋激烈的国际竞争时，只有保持优秀的科学水平才能给国家带来发展机遇。 为此，2000年7月26日，英国政府发布了《卓越与机遇——21世纪的科学和创新》白皮书。

②英国推进现代化建设的政策措施

英国在经历了第二次世界大战后，不仅失去了霸主地位，经济也开始下滑，失业率高居不下。 为了改善人民的生活水平，挽救经济危机，恢复其"二战"前的国际地位，英国政府采取了一系列措施。

"撒切尔主义"时代。 撒切尔夫人上台后实施的一系列政策，与英国以往历届政府有着迥然不同的风格，其实质是"法律管制下的自由"，即政府制定法律保护公民的个人自由权利。

科技创新时代。 英国政府极为重视自身创新能力的提升，为营造良好的创新环境和进一步加强创新能力，1998年英国发表《我们竞争的未来》白皮书，提出技术和创新的中心作用；2000年发表《卓越与机遇》白皮书，全面阐述布莱尔政府面对21世纪的科学和创新政策。

（2）英国推进现代化建设中面临的问题

生态环境污染严重。 英国工业化走的是"先污染，后治理"的道路，导致19世纪，英国的水体和空气都受到了严重的污染，从而引发了一系列传染病，严重危害到人们的生存健康。

福利政策"进退两难"。 英国的福利政策并没有消灭贫穷，却使其背上了沉重的包袱，英国历届政府都未彻底解决该问题，福利政策一直处于欲进不得、欲退不能的窘境。

城市规划不成体系。 新兴工业城市街道狭窄，各类建筑杂乱无章且品质低劣，城市建设缺乏规划，城市景观质量下降。

（3）英国教育现代化建设的进程及政策措施

从整个欧洲教育发展史来看，英国属于国家干预国民教育起步较晚的一个国家。 但是，英国的教育一直走在世界发展的前列，教育的发展为英国现代化建设提供了大量的人才储备，推进了英国的现代化进程。 英国的教育体系经过百年的传承与改革，已拥有大量的实践经验和理论积累。 纵观浙江教育发展，虽也取得了一些成果，但是面对快速发展的社会，我们必须保持持续学习的态度和不断探索的精神。对英国教育现代化进程进行研究，再结合浙江教育发展的实际情况，从英国教育现代化发展中学习有益经验，进一步推进浙江的教育发展。英国教育现代化大致可以分为以下几个阶段。

教育现代化的起步发展期。1870年，英国经历了科学革命、政治革命、工业革命等，这些对英国社会产生了深远影响，英国教育的现代化缓慢发展。

教育现代化的探索实践期。工业革命的开展，使得原有的教育模式难以适应社会的快速发展。回溯英国教育发展背景，英国议会也由于其国内民众对国家干预教育的期望值提升，于1833年通过了2万英镑的教育拨款，这是英国历史上首次对教育事业进行公款资助，标志着英国国家干预教育事业的开始。1870年，英国议会通过《初等教育法》，标志着国民初等教育制度正式形成，这是英国教育发展史上的一个里程碑。

教育现代化的纵深发展期。20世纪80年代末，英国教育向纵深发展。这一时期，英国已经开始从政府层面关注到教育的必要性与重要性。而最终促使英国教育全面改革的是1988年《教育改革法》的颁布。该法案最引人注目的举措是推行国家统一课程，以立法的形式使学校教学内容与课程走向统一。

进入21世纪后，英国越来越倾向于将创新教育与创业教育整合为一体，随之提出"创新创业教育"这一概念，并在2010年正式将这一概念应用于《关于大力推进高等学校创新创业教育和大学生自主创业工作的意见》一文中，将其定义为"适应经济社会和国家发展战略需要而产生的一种教学理念与模式"。

（4）英国推进教育现代化建设的相关经验、面临问题及借鉴启示

"三省一市"为大力提高各级教育办学水平和竞争力，在全国率先实现教育现代化，建成教育强省（市），根据《国家中长期教育改革和发展规划纲要（2010—2020年）》，结合浙江各级教育发展实际，学习借鉴英国教育改革与发展的先进办学理念和经验，从而推动教育改革发展。

①英国推进教育现代化建设的相关经验

保持渐进发展，注重稳中求胜。英国教育现代化具有鲜明的渐进式特

点，短期来看，进展甚微；长期而言，成效显著。 渐进式教育使英国教育发展与改革的步伐具有非常大的稳健性，这样不仅可以避免因发展过程中存在种种矛盾和冲突而导致教育现代化进程的停顿或逆转，还能更好地处理教育发展过程中传统与创新、继承与否定的关系。

重视育人为本，坚持德育为先。 公民素养教育被英国的各级各类学校作为基本任务和目标，并在其教育基本法中被明确规定，要求在教学过程中必须贯穿教育性原则，渗透道德教育与公民素质教育。

维持社会稳定，推进教育可持续发展。 教育本身其实无法决定教育发展是否拥有一个较为稳定的社会环境，教育体制往往受制于一些其他社会因素，尤其是政治体制，因为教育体制在整个社会体制中不是中心结构。 经过不断完善，英国的政治体制越来越适应其国情的需要，可以有效调节社会矛盾。 历史表明，民主化和法制化解决了英国议会解决社会现代化变迁过程中产生的种种问题，这也为英国的教育创造了一个稳定的社会环境，使其得以持续不断的发展。①

深化教育改革，政策与时俱进。 从 20 世纪 80 年代开始，在英国教育中专门设置了和信息与通信技术相关的课程，并在中小学的教学中推广和普及。 英国教育与技能部不断推出大量支持性政策以深化教育改革，如 2004 年颁布的《关于孩子和学习者的五年战略规划》，提出了 ICT 是教育改革的核心；2005 年颁布的《利用技术：改变学习及儿童服务》，提出了信息化战略；2016 年 3 月，英国颁布《教育部 2015—2020 战略规划：世界级教育保障》，提出要大力推进 STEM 课程的开设率，提升相关课程的质量。 经过 30 多年的发展，英国教育信息化建设已取得瞩目的成绩。

英国高等教育改革。 英国是世界上高等教育强国之一，英国高等教育质量在全球享有盛誉。 以 2016 年 9 月 QS 全球教育集团发布的最新世界大学排名为例，全球排名前 10 的高校中，英国占有 4 席；在全球排名前 50 的高校中，英国也仅次于美国，共占有 9 席，优势明显。 英国政府对高等教育在经济社会发展中战略地位的高度重视，使得英国高等教育呈现出良好的发展态

---

① 褚宏启：《历史上英国教育现代化进程的渐进式特征》，《比较教育研究》2000 年第 5 期。

势。 至 2012 年，英国的教育经费在 GDP 中已占比 6.3％，其中高等教育在 GDP 中占比 1.8％，公共教育经费在 GDP 中占比 5.4％；而公共投入高等教育与私人投入高等教育分别占到 56.9％和 43.1％。 2016 年 5 月，英国发布了《作为知识经济体的成功：卓越教学、社会流动性及学生的选择》政策白皮书，并积极推动议会通过 20 多年来最重要的《继续教育和高等教育法》修改工作。

英国创新创业教育兴起。 自 20 世纪 80 年代起，英国便持续实施营造良好的创业文化氛围，同时也在高校创新创业教育方面取得了大量经验。

政府持续大力扶持，促进创新创业教育发展。 1987 年，英国政府发起"高等教育创业"计划，在全国范围内以资金支持和鼓励各种学科背景的大学生开展创新创业尝试。 英国从设立科学创业调整基金，到专门成立科学创业中心，再到建立大学生创业促进委员会，直至筹建区域大学联合会和创立高等教育创新基金，政府专门机构的引导起到了关键作用。

教育体系前后衔接，始终保持持续发展。 英国的教育体系中有 A-Level 课程（相当于我国大学的基础课），供学生在进入大学前学习和实习，这使得学生在正式进入高校前就已初步具备开拓精神和基本社会实践能力。 在进入高校后，学生可以继续学习"创业意识""创业通识"和"创业职业"，这些是英国高教体系中三层次的机会导向型创业人才培养课程。

师资力量不断强化，教学方法灵活多样。 项目式学习是英国中小学教师创新创业教育的开展方式，目的是锻炼学生在实践中提升解决问题的能力，从而培养其不断进取与创新的精神；而对于英国高校创新创业教育师资而言，对学生进行指导的除了任职教师外，还有具有实际经验的各行业代表。创新创业教育学生的培养目标和本质，以及科技发展带来的技术革命和教学优势，都使得英国高校创新创业教育的教学方法灵活多变，在方法上可以借助社交媒体将常规的创新创业课程与新媒体技术相结合。①

②英国推进教育现代化建设面临的问题

地方教育督导制度体制不完善。 地方督学对学校缺乏系统的评价，其教

---

① 谢萍等:《英国创新创业教育的现状及其启示》,《世界教育信息》2018 年第 7 期。

育督导体制不够制度化和系统化，督导报告不公开发表，有些地方教育当局不重视教育督导工作导致督导工作没有落实。

职业指导教育意识有待加强。 一些学校职业指导仍不被纳入毕业教育的内容体系，也未能有机渗透到学术课程中，而且职业指导经费欠缺。

③英国推进教育现代化建设的借鉴启示

正视教育渐进发展，借鉴先进成熟经验。 浙江教育改革发展不必一切从头开始，应学习借鉴先行者已形成较为成熟的计划、技术、设备以及与此相适应的组织结构，缩减"在黑暗中摸索的过程"，立足浙江实际情况，促进教育现代化全面发展，不断提升建成全面小康社会的能力与水平。

全面加强素质教育，宣扬优秀传统文化。 浙江教育发展应科学规划各阶段学生的素质教育内涵和方式，切实完善各阶段学校素质教育体系，坚持立德树人，德育为先。 持续推进教育改革，适应社会发展现状。

大力推进教育信息化。 顺应"互联网＋"发展趋势，秉承"技术支撑和引领教育现代化"理念，全面发展智慧教育，促进信息技术与教学的深度融合，推动教育变革与创新，建立"人人皆学、处处能学、时时可学"的学习型社会。

深化中小学校课程改革。 根据学生所属年龄段的不同，不断丰富和优化教学过程中的拓展性课程，致力于培养和引导学生的学习习惯和学习兴趣，不断发现和开发潜在的兴趣爱好和学习能力。

完善现代高等教育体系。 推动浙江现代高等教育治理体系改革，明晰政府与高校在促进高等教育改革发展中的权力与责任，全面构建政府、学校、社会多方参与、有序高效的教育治理模式。

加强创新创业教育建设。 为了推进人才培养机制改革，浙江应将高校创新创业教育纳入改革时间表，将高校创新创业教育改革作为高等教育系统改革的切入点，完善人才培养质量评价体系与监督体系，切实将创新精神、创业意识与创新创业能力作为重要的评价指标。 参考英国经验，浙江可采取以下措施：强化舆论导向，培育社会对创新创业的积极态度，营造一个宽松、正向的创新创业环境，潜移默化地影响在校大学生。

建立全面的创新创业课程体系，全面梳理、优化整合系统教学资源，在大课程视域下,搭建衔接校内校外的完备课程体系,深度融合理论知识与实践应用,实现教学质量、教学效果的提升,通过教学理念与教学模式的创新,充分培育并激发学生的创新创业精神,抚育创新创业能力,培养符合社会需求的新时代人才。

加强教师队伍建设,完善教师队伍梯队,转变单一理论型教师人才结构,培育补充创新创业型教师人才培养与教师队伍的搭建。将发展视域置于教师队伍的培育与建设过程,落实教师队伍发展规划战略及继续教育战略,将教师队伍质量作为一项持续性工程狠抓落实。加快推进教师理念的引导,建立以学生为中心的教师道德体系,通过借助专家才能与集体优势,实现创新创业教育的培育及落地。

加强大学生创新创业教育,切实推动大学生创新创业能力提升行动计划,开展新型创新创业骨干人才培养试点,鼓励支持大学生创业团队建设。

3.2.7 新加坡推进现代化建设的进程与经验借鉴

（1）新加坡推进现代化建设的进程及政策措施

①新加坡推进现代化建设的进程

新加坡自 1965 年起开启了现代化进程,通过推行工业化带动经济多元化与现代化发展。20 世纪 50 年代末至 60 年代初期,新加坡实行进口替代工业化发展战略,并在 60 年代中后期转入面向出口工业化发展阶段,通过发展外向型经济,推进了经济的发展与现代化进程。20 世纪 70 年代末,通过施行经济结构重组发展战略,经济发展模式由劳动密集型向技术密集型转变,大力发展自由港经济,经济发展的外向度水平与国际竞争力进一步提升。进入 21 世纪,在 2008 年全球金融危机的冲击下,新加坡推行七大经济战略与"工业 21"发展计划,推进制造业、制造服务业与出口服务业发展,在完善经济发展结构基础上推进现代化建设。

②新加坡推进现代化建设的政策措施

现代化初期（1965—1978 年）积极推行进口替代工业化发展战略,围绕自身经济禀赋,大力发展外向型经济,促进了经济的起飞。

现代化中期（1979—2008 年）大力推行战略性经济政策,着力发展以自由港经济为代表的新型经济发展模式，快速实现了经济发展由劳动力密集型向技术密集型的转变。

高水平现代化发展期（2009 年至今），相继推行七大经济战略与"工业21"发展计划，推进制造业、制造服务业与出口服务业发展，在完善经济发展结构基础上推进现代化建设。

（2）新加坡推进现代化建设中面临的问题

经济结构梯度薄弱，经济外向度水平畸高。 新加坡搭建了以制造业、制造服务业与出口服务业为主体的经济结构，经济结构的高端化特征明显，但经济结构的价值链梯度薄弱，经济发展模式业态单一，高外向度的经济体系的国内市场承载力不足，高端制造业与高端服务业竞争红海化趋向显著，经济总体的稳态发展基础不足。

现代化多元内涵发展矛盾突出，现代化的内源驱动力弱化。 现代化进程中经济现代化、社会现代化与政府治理现代化问题突出，成为阻碍现代化进程深入的潜在因素所在，集中表现为经济现代化与社会现代化之间矛盾的不可调和性，贫富差距拉大、社会和谐发展经济分配基础弱化，现代化的经济效应分配不均，现代化的内源驱动力弱化。

（3）新加坡城市发展现代化建设的进程及政策措施

新加坡城市现代化建设经历了从城镇化建设、城市化建设到数字化城市建设三个阶段。 自 20 世纪 60 年代，新加坡就摒弃"先发展，后治理"的发展思路，采用平衡发展的策略，着力建设"花园城市"，搭建高密度、高宜居的城市，重视城市的可持续发展。 20 世纪 80 年代，新加坡建立了城市规划体系，强化了城市建设的规划设计，新加坡由此进入了城市化建设阶段，城市发展中心逐渐转移为城市人居环境与经济环境建设。 自 20 世纪 90 年代，新加坡开启了城市现代化步入数字城市建设阶段，城市建设在数字基础设施、数字化城市治理、数字化人居公共产品等方面取得了长足的发展。

新加坡聚焦城市发展质量建设、内涵搭建、品位营造与经济抚育，先后通过"花园城市"建设、城市规划体系与数字城市基础设施等演进的城市现代化政策推进新加坡城市现代化进程的深入。

（4）新加坡推进城市发展现代化建设的相关经验、面临问题及借鉴启示

①新加坡推进城市发展现代化建设的相关经验

城市规划与城市治理双驱推动。 新加坡搭建由战略性的概念规划、总体规划和开发指导规划三级构成的城市规划体系，强化城市现代化发展战略设计，落实城市现代化发展总体规划，统摄性开发指导规划城市发展，摈弃"先发展，后治理"的发展思路，秉持"先规划，再建设"的城市发展路径，重视规划的专业性、前瞻性、公众参与性与可执行性，以高水平、预见性规划规制城市现代化发展。 与此同时，搭建多层级、多重参与主体的城市治理体系，顶层注重城市治理纲要搭建，底层注重公众自治与多主体治理参与。

公共住房体系与市场住房体系共荣。 建立涵盖"居者有其屋"计划、土地征收制度和中央公积金制度的公共住房体系，引导多种资本建设市场住房体系，形成保障性住房需求与改善性住房需求并行的住房供应体系。

城市人居属性与经济属性共建。 注重城市建设的人居属性内涵，建设集成交通、卫生、服务、商业基础设施与功能的人居公共空间，丰富城市现代化建设的人居内涵。 与此同时，强化城市现代化的经济属性搭建，由城市人居属性切入，形成有效引导人力资本等多元要素空间布局的城市现代化格局，通过城市人居空间、城市公共空间与城市经济空间的合理配置，实现城市现代化在引导市域内经济要素空间配置的经济效应。

城市建设数字化与城市治理数字化相结合。 新加坡经济推行城市数字化建设，完善城市数字基础设施建设、数字公共服务供给体系、数字城市治理体系，强化城市现代化的数字化内涵建设，提升城市现代化的人居品位。

②新加坡推进城市发展现代化建设面临的问题

城市现代化的经济空间承载力不足。 集中体现在人力资本空间分布与经济集聚失配，畸形导向经济虚拟化数字化发展，城市现代化压缩经济发展空间。

城市现代化的人居空间边缘化严重。 集中体现为人居空间的城市边缘集聚，引致交通、医疗、卫生等基础设施中心集聚与高强度开发下的效率低下问题，城市公共服务提供的空间布局与人居空间边缘化失配，城市现代化的人居属性恶化。

③新加坡推进城市发展现代化建设的借鉴启示

强化城市规划与城市治理双驱推动，加强城市发展模式、城市形态与城市建设理念的研究规划，形成"远景规划、中期谋划、短期布局"交互立体的城市设计体系；强化城市治理的城市现代化进程融入度，推进社区管理模式现代化，搭建涉及多元参与主体、公众广泛参与的城市治理体系。以城市规划促城市现代化建设，以城市治理促城市现代化发展。

强化城市人居属性与经济属性共建，注重城市的人居承载力与经济承载力，以人居承载力为目标，以经济承载力为发展方式，形成城市人居建设与城市经济承载建设并行不悖的城市现代化模式，形成人居环境优良、经济发展稳态的城市现代化形态。

强化城市人居基础设施与经济基础设施的梯度化匹配建设，推进数字城市建设，提升基础设施立体化开发强度，集成交通设施、服务基础设施建设，搭建商业综合体、邻里中心、TOD 站点为特色的人居公共服务体系，合理规划布局城市人居组团与城市经济集聚的空间分布优度。

强化数字城市建设，加强成熟数字基础设施与数字化城市治理体系，推进城市建设的多元数字化。围绕人居环境、经济基础设施，加强数字基础设施与数字服务建设，形成城市建设数字化与城市治理现代化相结合的城市现代化发展体系。

3.3 现代化先行国家的经验借鉴与主要启示

一个国家现代化建设的模式选择、道路抉择，与时代背景、生产力水平高度相关，并受社会制度、意识形态、执政能力等因素深刻影响。日本、德国、韩国、美国、英国、新加坡 6 个现代化先行国家，所处阶段不同，国力差距悬殊，推进体制有别，政策重点不一，措施成效迥异，对浙江省加快从高速度增长模式迈向高质量发展模式，顺利向战略调整阶段、基本建成阶段过渡，高水平"打造现代化先行区"、高水平基本实现社会主义现代化建设目标具有借鉴意义和启示作用。

一是以满足人民对美好生活的向往为导向，可持续推进现代化。现代化建设既不可能一蹴而就，也不可能一劳永逸，实现目标后的问题不比建设进程中的少，完成现代化建设不代表进入完美世界。现代化建设越往前推进，"硬骨头"越难啃，失误成本越大，新问题越是层出不穷，整个进程充满了挫折、布满了陷阱，而成功经验却相对较少，解决办法也相对匮乏。如法国、韩国的现代化进程就出现过高度的政治动荡，拉美国家、墨西哥则陷入了"中等发展水平陷阱"，英国、巴西、伊朗都出现了社会分配不公、贫富差距过大等问题，韩国的高层腐败、政权动荡问题时有发生。

二是以非连续转型为基础，定位好现代化建设的发展阶段。现代化进程中的不同阶段，建设重点也各不相同，并呈现非连续转型特征。一个国家（地区）如果把加速起飞阶段、高速发展阶段的经验，教条式地套用到战略调整阶段，往往造成现代化进程的停滞、退步，甚至会被其他现代化先行国家"高维度锁定"。

三是以经济建设为中心，平衡好所处阶段的过渡任务。中共浙江省第十四届委员会第二次全体会议所提出的"到 2035 年……高水平完成基本实现社会主义现代化的目标"，不仅是强调"基本实现"，而且更重要的也是更难做到的是"高水平完成"。从现代化建设的历史进程与沿革视域来看，浙江基本实现高水平现代化的目标不局限于总量目标和速度目标，现代化发展的平衡性、协调性、可持续性也是浙江高水平现代化的重要内涵，如果在上述维度上呈现出问题更加严重，抑或短板更加突出的发展状态，就无法契合"高水平完成"现代化建设目标。[①] 工业化、城市化等经济建设难题，较易通过行政力量在短期内实现"攻坚破难"，而经济建设快速推进所带来的收入分配不公、生态环境恶化、社会秩序紊乱、社会矛盾加剧等难题的解决周期则相对较长，需要长期攻坚、精准攻坚。这些难题解决的快慢，又与政府治理现代化、社会现代化、文化现代化等领域的发展水平相关，并对经济建设形成反制作用。

四是以统筹协调为导向，处理好目标任务的各项矛盾。在有限空间、有

---

① 吴汉全：《习近平"经济新常态"范畴构建的逻辑进路》，《理路视野》2018 年第 12 期。

限投资、特定区域优势、有限管理精力的制约下，产业现代化过程中制造业、服务业往往出现失衡，产业结构发展失范。 在劳动力低成本、低收入、高房价、低消费的锁定下，产业现代化、收入现代化、消费现代化处于低水平供需平衡状态，难以迈向高水平供需平衡。 在本土产业大规模向外转移、发达国家"制造业回归"的趋势下，产业"空心化"、贸易摩擦、高技术垄断等诸多矛盾叠加，共同影响产业现代化、开放现代化的进程。

总的来看，要争创社会主义现代化先行省，到2035年基本实现高水平现代化，需要借鉴各国经验教训。 概括而言，必须以产业现代化为重要基础，以科技现代化为战略支撑，以城市现代化为引领级，以全面开放为重要路径，以消费现代化为重要引力，以生态现代化为重要内容，以文化现代化为重要抓手，以收入现代化为重要目标，以教育现代化为基础工程，以卫生现代化为重要标志，以政府治理现代化为最大推力，构建形成"产业、教育基础牢靠，科技、城市、消费、文化、政府治理动力十足，全面开放共赢，收入分配合理，人民幸福健康，生态文明兴盛"的高水平现代化体系。

4 浙江基本实现高水平现代化评价标准与指标体系

现代化是工业革命以来，在世界各国普遍兴起的共同主题之一。 现代化的评价标准处于动态发展之中，与世情国情、社会变迁、意识形态等密切相关。 我国理论界、政治界积极吸取各国现代化理论体系，丰富中国社会主义现代化建设内涵。 在此基础上，结合浙江省情社情，设计构建现代化评价标准与基本实现高水平现代化指标体系及评价体系。

4.1 现代化评价标准

现代化作为一个目标和结果概念，其含义就是赶超先进国家，达到其状态特征。 作为一个过程概念，实质上是世界先进生产方式和生活方式的普及化以及相应的文明进步和文明转型过程。 通过对现代化理论体系、评价标准及其相关文献研究，结合浙江现实情况，我们认为现代化的评价标准是：经济高度发展，社会和谐运行，政府有效治理；就是在"八八战略"指引下，从"高速度增长"转向"高质量发展"，全方位追赶现代化先行国家，全面建成社会主义现代化。 与此同时，鉴于浙江现代化进程典型的市场经济驱动与制度环境驱动特征，实现对市场经济发展水平与制度环境的测度和评价，是构建符合现代化一般性理论与浙江现代化特点的关键。 评价浙江现代化的具化标准为：

一是现代化的基准。 根据现代化先行国家的现代化进程及其经济规律，到 2035 年，浙江人均 GDP（汇率法测算的 PGDP）与美国、英国、日本、德国、韩国、新加坡现代化先行国家间的差距应不断缩小，达到 30860.54—41732.6 美元[①]的基本水平（这与北京大学所做的中国 2035 年 PGDP 预测值基本一致）；到 2035 年，浙江现代化进程综合指数超过 2010 年的美国和新加坡、2017 年的英国和日本、2014 年的德国、2018 年的韩国，基本实现社会主义现代化。 考虑到依托汇率进行测算会忽视各经济体物价水平的差异，本书进一步利用购买力平价后的经济发展水平来选择浙江 2035 年的对标对象。方法如下：已知浙江 2017 年购买力平价后的经济发展水平值为 25761.769，这一数值与 1996 年的德国（25759.841）、1999 年的日本（25703.06）、2007 年的韩国（26405.612）、1992 年的新加坡（25393.965）、1992 年的美国（25392.931）以及 1999 年的英国（25314.157）水平大致相同。 同样假设各经济体发展速度不变，则 2035 年的浙江对标的是对应国家对应年份 18 年后的经济社会发展状况。 即 2014 年的德国，2017 年的日本，2025 年的韩国，

[①] 在 2035 年浙江 PGDP 水平的预测上，本书主要以汇率法测算的数值为基准进行分析。具体如下：已知浙江 2017 年 PGDP 数值为 13634.44 美元。这一数值与 1987 年的德国（16614.4）、1986 年的日本（17111.9）、2003 年的韩国（14209.4）、1991 年的新加坡（14505）、1981 年的美国（13993.2）以及 1987 年的英国（13118.6）数值大致接近。假设各经济体经济增长速度不变，2035 年浙江 PGDP 数值应该与对应国家对应年份 18 年后的经济水平相仿。由此认为浙江 2035 年 PGDP 水平应为 2005 年的德国、2004 年的日本、2009 年的新加坡、1999 年的美国以及 2005 年的英国 PGDP 水平。由此可以预估 2035 年浙江的 PGDP 水平应该处于 30860.54 到 41732.6 美元之间。考虑到浙江人均 GDP 与中国整体同期比值为 1.543（2017 年）且北京大学刘俏（2017）预估中国 2035 年中国人均 GDP 约为 2 万美元。若比值保持不变，浙江 2035 年人均 GDP 或将达到 30860.54 美元，进而以此作为下限值。

2010 年的新加坡，2010 年的美国以及 2017 年的英国[①]。

具体如表 4-1 和表 4-2 所示。

二是 2035 年现代化建设达到对标国的平均水平。 围绕全国"现代化先行区"的样本目标，到 2035 年，浙江现代化综合追赶指数达到美国、英国、日本、德国、韩国、新加坡等现代化先行国家 2035 年的平均水平。 党的十九大报告指出，要"支持传统产业优化升级，加快发展现代服务业，瞄准国际标准提高水平"，产业现代化是实现浙江高水平现代化的重要基础。 科学技术是第一生产力，科技现代化是实现浙江高水平现代化的战略支撑。 长江三角洲一体化区域的发展，形成浙江现代化的综合实力明显提高、特色优势更加鲜明、核心功能更加集聚、联系互动更为紧密、辐射带动更为显著的区域一体化基础，构建城市现代化这一浙江高水平现代化的引领级。 开放是国家繁荣发展的必由之路，全面开放是实现浙江高水平现代化的重要路径。 坚持以人的现代化为核心，加快建设富强、民主、文明、和谐、美丽的社会主义现代化，消费现代化是实现浙江高水平现代化的重要动力。 生态兴则文明兴、生态衰则文明衰，生态现代化是实现浙江高水平现代化的重要内容。 发展文化产业是坚定"四个自信"的重要支撑，文化现代化是实现浙江高水平现代化的重要抓手。 以民为本，改善民生水平，收入现代化是实现浙江高水平现代化的重要目标。 要加快推进教育现代化、建设教育强国，教育现代化是实现浙江高水平现代化的基础工程。 "没有全民健康，就没有全面小康"，卫生和健康是实现浙江高水平现代化的重要标志。 政府是国家治理的核心主体，政府治理现代化是实现浙江高水平现代化的最大推力。 因此，到 2035 年，浙江的产业、科技、城市、开放、消费、生态、文化、收入、教育、卫生及政府治

---

① 如果按照 2014 年的德国，2017 年的日本，2010 年的新加坡，2010 年的美国以及 2017 年的英国对应的 PGDP 水平进行测算，则结合表 4-1 信息，浙江的 PGDP 数值应当处于 38428.1 到 48375.41 美元之间。两个不同预测方法得到的 PGDP 数值相差 7000 美元。考虑到浙江乃至中国已由高速增长阶段转向高质量发展阶段，本书在浙江 2035 年 PGDP 水平预测上采用保守估计方法，取值 30860.54－41732.6 美元，在产业现代化等方面采用积极的估计方法，对应 2014 年的德国、2017 年的日本、2010 年的新加坡、2010 年的美国以及 2017 年的英国发展水平。

理等部分领域达到对标国 2035 年的平均水平，从而实现高水平社会主义现代化，建成"争创先行"的重要窗口。

表 4-1　基于汇率测算的 PGDP(单位:美元)

时间	中国	浙江	德国	日本	韩国	新加坡	美国	英国
1980	312.3332		12092.38	9465.38	1704.47	4926.958	12597.67	10032.06
1981	291.4956		10170.45	10361.32	1870.339	5595.24	**13993.2**	9599.306
1982	281.638		9876.228	9578.114	1977.642	6075.595	14438.98	9146.077
1983	297.616		9827.022	10425.41	2180.495	6629.943	15561.43	8691.519
1984	301.676		9277.932	10984.87	2390.673	7223.398	17134.29	8179.194
1985	294.8888		9393.892	11584.65	2457.328	6995.101	18269.42	8652.217
1986	281.8003		13410.9	**17111.9**	2803.369	6793.545	19115.05	10611.11
1987	301.7114		**16614.4**	20745.25	3510.99	7531.25	20100.86	**13118.6**
1988	370.2211		17863.44	25051.85	4686.137	8902.412	21483.23	15987.17
1989	407.9573		17697.16	24813.3	5736.904	10380.28	22922.44	16239.28
1990	347.6752		22219.57	25359.35	6516.306	11864.28	23954.48	19095.47
1991	359.1757		23269.38	28925.04	7523.477	**14505**	24405.16	19900.73
1992	423.2401		26333.54	31464.55	8001.541	16144.01	25492.95	20487.17
1993	525.3384	775.5988	25488.52	35765.91	8740.946	18302.43	26464.85	18389.02
1994	473.5053	719.4821	27087.56	39268.57	10205.81	21578.46	27776.64	19709.24
1995	609.6276	975.8113	31729.7	43440.37	12332.98	24936.83	28782.18	23013.46
1996	709.3888	1148.878	30564.25	38436.93	13137.91	26263.02	30068.23	24219.62
1997	781.8041	1281.575	27045.72	35021.72	12131.87	26386.46	31572.69	26621.48
1998	828.5925	1376.237	27340.67	31902.77	808⁻.324	21824.04	32949.2	28014.89
1999	873.2469	1475.424	26795.99	36026.56	10409.33	21795.7	**34620.93**	28383.67
2000	959.3641	1620.603	23718.75	38532.04	11947.58	23792.61	36449.9	27982.36
2001	1053.159	1777.576	23687.32	33846.47	11252.91	21577.08	37273.62	27427.59
2002	1148.484	2051.226	25205.16	32289.35	12782.53	22016.83	38166.04	29785.99
2003	1288.631	2469.977	30359.95	34808.39	**14209.4**	23573.63	39677.2	34173.98
2004	1508.675	2942.2	34165.93	**37688.7**	15907.67	27405.27	41921.81	39983.98

续　表

时间	中国	浙江	德国	日本	韩国	新加坡	美国	英国
2005	1753.97	3381.838	**34696.6**	37217.65	18639.52	29869.85	44307.92	**41732.6**
2006	2099.651	3974.51	36447.87	35433.99	20888.38	33579.86	46437.07	44252.32
2007	2696.607	4823.251	41814.82	35275.23	23060.71	39223.58	48061.54	50134.32
2008	3473.096	5961.757	45699.2	39339.3	20430.64	39721.05	48401.43	46767.59
2009	3838.677	6418.094	41732.71	40855.18	18291.92	**38577.6**	47001.56	38262.18
2010	4561.046	7638.821	41785.56	44507.68	22086.95	46569.68	48375.41	38893.02
2011	5636.186	9173.376	46810.33	48168	24079.79	53237.56	49793.71	41412.35
2012	6337.743	10039.45	44065.25	48603.48	24358.78	54715.69	51450.96	41790.78
2013	7080.669	11109.77	46530.91	40454.45	25890.02	56389.18	52782.09	42724.07
2014	7684.281	11884.16	48042.56	38109.41	27811.37	56957.08	54696.73	46783.47
2015	8068.043	12466.12	41323.92	34567.75	27105.08	54940.86	56443.82	44305.55
2016	8119.928	12784.13	42232.57	38972.34	27608.25	55243.13	57588.54	40412.03
2017	8836.162	13634.44	44469.91	38428.1	29742.84	57714.3	59531.66	39720.44

注：①根据北京大学预估结果及发达国家经济规律，预估浙江 2035 年 PGDP 为 30860.54—41732.6 美元。

②单下画线加粗数字指代浙江当下 PGDP 对标的发达国家对应年份的 PGDP，双下画线加粗数字为浙江 2035 年 PGDP 对标的发达国家对应年份的 PGDP。

③汇率换算后 2035 年浙江对标的是 2005 年的德国、2004 年的日本、2009 年的新加坡、1999 年的美国以及 2005 年的英国。

表 4-2　基于购买力平价后的 PGDP（单位：美元）

时间	中国	浙江	德国	日本	韩国	新加坡	美国	英国
1980	310.894		11308.494	8948.253	2190.55	8879.5	12552.943	8852.518
1981	352.777		12368.735	10133.066	2530.185	10253.037	13948.701	9610.554
1982	401.932		13038.759	11037.84	2863.956	11166.414	14404.994	10421.895
1983	456.699		13808.214	11792.614	3320.897	12432.232	15513.679	11282.276
1984	538.055		14770.436	12685.327	3753.436	13752.014	17086.441	11935.77
1985	621.116		15610.174	13685.876	4131.353	14070.256	18199.32	12796.995
1986	679.384		16298.165	14349.19	4641.169	14557.826	19034.766	13433.724
1987	764.884		16943.617	15325.86	5296.464	16275.976	20000.968	14465.059

时间	中国	浙江	德国	日本	韩国	新加坡	美国	英国
1988	867.637		18086.255	16871.328	6076.22	18253.69	21375.999	15806.315
1989	925.536		19337.619	18312.821	6691.826	20296.384	22814.077	16800.468
1990	983.407		20810.506	19861.482	7548.655	22287.037	23847.977	17508.69
1991	1095.919		22303.031	21150.981	8527.162	23891.966	24302.776	17841.287
1992	1266.444		23004.478	21739.553	9164.366	**25393.965**	**25392.931**	18269.169
1993	1459.885	2155.3439	23188.846	22067.897	9922.519	28270.521	26364.192	19131.636
1994	1667.63	2533.9313	24223.768	22699.876	10956.577	31039.783	27674.021	20249.299
1995	1870.05	2993.3289	25129.07	23750.629	12134.199	32902.985	28671.48	21121.989
1996	2071.135	3354.2695	**25759.841**	24880.746	13168.728	34594.101	29946.973	22001.352
1997	2277.66	3733.6614	26689.895	25521.289	14056.703	36850.12	31440.087	23281.528
1998	2460.366	4086.5029	27489.31	25449.114	13340.55	35218.668	32833.666	24263.253
1999	2663.697	4500.5388	28408.186	**25703.06**	14956.905	37603.15	34494.539	**25314.157**
2000	2929.701	4948.9887	29957.47	26955.994	16517.199	41145.378	36317.741	26681.919
2001	3219.993	5434.8695	31152.481	27593.63	17508.447	40538.984	37101.103	27934.007
2002	3545.645	6332.6279	31629.86	28004.22	18997.225	42524.86	37971.28	28961.318
2003	3948.841	7568.9204	31996.29	28907.064	19814.604	45907.635	39411.546	30345.707
2004	4438.581	8656.0683	33124.465	30315.992	21260.636	51002.826	41629.858	31727.771
2005	5064.091	9764.0947	34504.93	31775.624	22734.775	55216.811	44025.56	33487.503
2006	5849	11071.796	37005.299	33203.64	24506.171	60020.303	46213.508	35139.277
2007	6823.65	12205.032	39366.8	34656.624	**26405.612**	64504.391	47869.24	36704.891
2008	7585.54	13020.989	40573.243	34962.129	27471.397	63465.666	48283.413	36984.748
2009	8306.034	13887.314	38744.05	33357.575	27733.58	61675.2	47007.7	35433.71
2010	9249.603	15491.198	40839.613	35148.78	29731.037	**70640.197**	**48400.641**	36170.119
2011	10290.469	16748.62	43248.922	35775.296	31228.513	75113.205	49815.52	37221.673
2012	11260.48	17837.42	44299.709	37087.6	32386.41	77748.81	51537.005	38230.852
2013	12291.126	19285.116	45226.896	38559.394	33755.03	81820.663	53031.952	39449.305
2014	13368.167	20674.595	**46889.9**	39502.324	35320.401	85489.501	54952.396	41066
2015	14371.951	22206.439	47679.321	40510.543	36501.221	87298.268	56718.321	42145.486

时间	中国	浙江	德国	日本	韩国	新加坡	美国	英国
2016	15414.652	24269.038	48844.163	41352.763	37810.106	89203.051	57814.534	43013.105
2017	16695.603	25761.769	50803.553	**42942.2**	39548.066	94104.653	59792.013	**44292.2**
2018	18119.966		52896.613	44549.689	41415.735	98255.347	62517.53	45642.763

注：①单下画线加粗数字指代浙江当下 PGDP 对标的发达国家对应年份的 PGDP，双下画线加粗数字为浙江 2035 年 PGDP 对标的发达国家对应年份的 PGDP。

②购买力平价后 2035 年浙江对标的是：2014 年的德国、2017 年的日本、2010 年的新加坡、2010 年的美国以及 2017 年的英国。

4.2　现代化进程与水平评价指标体系

根据社会主义现代化理论下区域一体化内涵、评价标准，浙江坚持科学性、系统性、对标性、导向性、衔接性、客观性原则，以产业、科技、城市、开放、消费、生态、文化、收入、教育、卫生及政府治理现代化等 11 个方面的现代化为总框架，结合浙江省情社情，遴选 66 项指标作为现代化进程与水平评价指标体系的选择对象，并在此基础上，采用专家意见法、对标分析法，考虑到数据的可获得性，精简形成包含 11 个现代化、33 项指标的基本实现高水平现代化指标体系。

4.2.1　构建思路

高举习近平新时代中国特色社会主义思想伟大旗帜，全面贯彻党的十九大报告精神，全面落实习近平总书记"更进一步、更快一步"的殷切期望，围绕高水平全面建设社会主义现代化的导向要求、战略安排、阶段目标，建立导向明确、科学反映浙江现代化建设成效的指标体系与评价体系，采用数理模型评估浙江现代化进程与速度，预测现代化目标远景，为 2035 年浙江基本实现高水平现代化提供决策依据。

4.2.2　构建原则

（1）突出"乘势而上、开启新征程"的导向性。　紧紧围绕党的十九大报告精神，深化对共产党执政规律、社会主义建设规律、人类社会发展规律的认识，坚定不移地走全面建设社会主义现代化的新路子。

（2）突出"更进一步、更快一步"的对标性。 浙江现代化建设有着深厚的区域一体化与外向型发展的经济地理背景。 探析浙江现代化的内涵、进程与路径问题，需要从长三角一体化这一背景出来，长三角一体化区域是全国经济发展先行区，明确提出"打造现代化先行区"。 在现代化建设的指标选择上，要突出高水平全面建设社会主义现代化的重点环节和要求。 在目标设置上，既要对照现代化建设基本目标，找准发展短板明确发展底线；又要对标发达国家和地区，立足现有优势，设定若干具有引领性、赶超性的目标。

（3）突出"立足当前、展望未来"的衔接性。 主要是与推进"八八战略"再深化、改革开放再出发，突击"四个强省"工作导向，实施富民强省十大行动计划，建设"六个浙江"的阶段性预期目标相衔接，与我国 2035 年基本实现社会主义现化代远景目标相衔接，与浙江省基本实现高水平现代化，成为新时代全面展示中国特色社会主义制度优越性的重要窗口相衔接。

（4）突出"可监测、可评价"的客观性。 指标设置力求简单、适用、易操作，尽量选用直接来自统计调查部门的指标，做到简便易行，能够及时监测，较好地评价现代化建设工作的进展。 对于一些必须反映而又缺乏现行统计指标支持的内容，应积极推动相关统计调查制度建设，待条件成熟后再纳入评价指标体系。

4.2.3 指标体系

（1）指标体系

根据现代化的理论体系与评价标准，结合长三角一体化区域"打造现代化先行区"的行动计划，统筹考虑 2035 年的现代化内涵，借鉴何传启（2010）、卢丹（2002）、宋双飞（2012）、王益澄（2003）、唐天伟和李林（2017）、唐天伟（2014）等的同类研究，以"五个文明、十一个现代化"为总框架，构建了包含 66 项指标的"现代化评价指标体系"。 在上述指标体系的基础上，删减目前处于优势、可提升空间不大、重要性相对偏弱的，或数据难以获得的部分现代化建设指标，精简形成包含 11 个现代化、33 项指标的

"基本实现高水平现代化指标体系",详见表 4-3、表 4-4。

表 4-3 现代化评价指标体系

	观测指标	计量单位	指标说明	数据来源
产业	工业增加值占 GDP 的比重	%	工业增加值/地区 GDP	浙江统计年鉴;世界银行
	劳动生产率	元/人	GDP/从业人员人数	浙江科技统计年鉴;OECD Statistics
	服务业从业人数占比	%	服务业就业人员/全部就业人员数	浙江统计年鉴;世界银行
科技	研发经费强度	%	研发经费支出占 GDP 的比重	浙江科技统计年鉴;OECD Statistics
	基础研究经费支出占比	%	基础研究经费占研发经费比重	中国科技统计年鉴;OECD Statistics
	每千名就业人员中研究人员	人	研究人员数/就业人员总数×1000	浙江科技统计年鉴;中国科技统计年鉴;OECD Statistics
	劳动生产率	元/人	GDP/从业人员人数	浙江科技统计年鉴;OECD Statistics
	单位能源创造的 GDP	亿元/万吨标准煤	GDP/同期能源消费总量	浙江统计年鉴;浙江科技统计年鉴;国际货币基金组织;中国国家统计局
	每千人互联网用户数	人	互联网上网人数/总人口数×1000	浙江统计年鉴;中国统计年鉴;世界银行
	每位研究人员财政科技拨款	千元/人	财政科技拨款总额/R&D 人员全时当量	浙江科技统计年鉴;中国科技统计年鉴;OECD Statistics
城市	人均地区生产总值	美元	GDP/户籍人口总数	中国国家统计局;世界银行
	每百平方千米土地公路长度	km	公路总长度/国土面积	浙江统计年鉴;中国国家统计局;国际统计年鉴
	全社会研究和发展(R&D)经费支出占 GDP 比重	%	研发经费支出/GDP	浙江统计年鉴;世界银行
	第三产业占 GDP 比重	%	服务业生产总值/GDP	浙江统计年鉴;世界银行
	互联网普及率	%	互联网网民数量/总人口	中国经济与社会发展统计数据库;世界银行;国际统计年鉴

续　表

	观测指标	计量单位	指标说明	数据来源
开放	出口开放度	％	出口产品总额/GDP	商务部;海关;统计局
	进口开放度	％	进口产品总额/GDP	商务部;海关;统计局
	高科技产品占制成品出口的比重	％	高科技产品占制成品出口的比重	商务部;海关;统计局
	引资开放度	％	FDI/GDP	商务部;海关;统计局
	对外投资开放度	％	OFDI/GDP	商务部;海关;统计局
消费	消费水平	元	居民消费支出金额	中国统计年鉴
	每千人医院床位数	个	医院床位数/年末常住人口数×1000	浙江统计年鉴;中国统计年鉴;世界银行
	每千人互联网用户数	人	互联网上网人数/总人口数×1000	浙江统计年鉴;中国统计年鉴;世界银行
生态	单位 GDP 碳排放	吨/万美元	CO_2 排放总量/GDP	浙江统计信息网;世界银行
	森林覆盖率	％	森林面积占土地面积的百分比	浙江环境状况公报;世界银行
	单位能源创造的 GDP	亿元/万吨标准煤	GDP/同期能源消费总量	浙江统计年鉴;浙江科技统计年鉴;国际货币基金组织;中国国家统计局
	PM2.5 年均浓度	微克/立方米		浙江环境状况公报;世界银行
文化	国际旅游收入占比	％	本国旅游业收入/国际旅游业总收入	浙江省旅游局;浙江统计年鉴;浙江省旅游局;世界发展指标
	入境旅游人次比例	％	入境旅游人数/总人口	浙江省旅游局;浙江统计年鉴;浙江省旅游局;世界发展指标
	服务业从业人数占比	％	服务业从业人数/总就业人数	中国人口和就业统计年鉴;中国人口统计年鉴;世界银行
	每千人中互联网用户数	人	互联网用户数/总人口数×1000	浙江统计年鉴;中国统计年鉴;世界银行
	高等教育毛入学率	％	高等教育在校生人数/18—22岁人口数	浙江教育事业统计公报

续 表

	观测指标	计量单位	指标说明	数据来源
收入	收入水平	元	居民可支配收入	中国统计年鉴
	基础教育生均教育经费	美元/人	基础教育阶段（小学与中学）教育经费/基础阶段学生人数	中国教育经费统计年鉴
教育	政府教育支出占GDP的比重	％	政府教育支出/GDP	浙江统计年鉴
	基础教育生均教育经费	美元/人	基础教育阶段（小学与中学）教育经费/基础阶段学生人数	中国教育经费统计年鉴
	高等教育毛入学率	％	高等教育在学总规模/18—22岁人口数	浙江教育事业统计公报
	高等教育生师比	—	在校学生数/专任教师总数	中国教育统计年鉴
	高等院校科研经费投入总额占GDP比重	％	高等院校科研经费投入总额/GDP	中国教育经费统计年鉴；浙江统计年鉴
	高校境外学生占在校生的比重	％	国外留学生在校数/在校学生数	中国教育统计年鉴
卫生	人均预期寿命	岁		中国国家统计局；世界银行
	每百万人医院数	个	医院数/年末常住人口数×1000000	浙江统计年鉴；OECD Statistic
	每千人医院床位数	个	医院床位数/年末常住人口数×1000	浙江统计年鉴；中国统计年鉴；世界银行
	每千人执业医师数	人	执业医师总数/年末常住人口数×1000	浙江统计年鉴；中国统计年鉴；世界银行；OECD Statistic
	每千人注册护士数	人	注册护士总数/年末常住人口数×1000	浙江统计年鉴；中国统计年鉴；OECD Statistic
	PM2.5年均浓度	微克/立方米		浙江环境状况公报；世界银行

	观测指标	计量单位	指标说明	数据来源
政府治理	一般公共服务支出占财政总支出比重	%	一般公共服务支出数额/财政支出总额	中国统计年鉴；OECD Statistics
	国有单位就业人员占全部就业人员比重	%	国有单位就业人员数/劳动就业人数	中国统计年鉴；OECD Statistics
	医疗卫生支出占财政总支出比重	%	医疗卫生支出数额/财政支出总额	中国统计年鉴
	教育支出占财政总支出比重	%	教育支出金额/财政支出总额	中国统计年鉴
	每万人拥有卫生技术人员数	人	卫生技术人员数/总人口数×10000	中国统计年鉴
	基础教育师生比	—	中小学专职教师数/在校生数	中国统计年鉴
	违纪违规案件数	件	法院审职务犯罪案件数	中国法律年鉴
	违纪官员数占国有单位就业人员数比例	%	违纪官员数/国有单位就业人员数	中国法律年鉴
	信息依申请按时办结率	%	按时办结信息公开申请数/信息公开申请总数	政府信息公开工作年度报告
	财政透明度	%	从一般公共预算、政府性基金、财政专户等方面衡量	中国财政透明度报告
	服务方式完备度	—	从平台规划设计、服务引导、服务多渠道来衡量	省级政府网上政务服务能力调查评估报告
	服务事项覆盖度	—	从事项清单公布、办事指南发布及规范化程度来衡量	省级政府网上政务服务能力调查评估报告
	办事指南准确度	—	从基本信息、申请材料、办理流程、收费信息来衡量	省级政府网上政务服务能力调查评估报告
	在线服务成熟度	—	从事项办理深度、一体化办公来衡量	省级政府网上政务服务能力调查评估报告

	观测指标	计量单位	指标说明	数据来源
政府治理	在线服务成效度	分	从用户注册、网办效率、便民利企等方面评估	省级政府网上政务服务能力调查评估报告
	行政诉讼案件数	件	法院一审受理行政诉讼案件数	中国法律年鉴；法院工作报告
	行政机关败诉率	%	行政机关败诉案件数/当年审结案件数	中国法律年鉴；法院工作报告
	每万人拥有社会组织数	个	社会组织/总人口数×10000	中国社会统计年鉴
	工会密度	%	工会会员占全部就业者比重	中国统计年鉴；OECD Statistics
	工会提出合理建议数	条	工会会员提出的合理建议数	中国统计年鉴

表 4-4　基本实现高水平现代化指标体系

指标		单位	评价标准（阶段目标）				指标性质
一级指标	二级指标		2018 年	2022 年	2030 年	2035 年	
（一）产业现代化	1.单位建设用地生产总值	万元/亩	—	—	—	—	引领性
	2.人均 GDP	万元/人	—	—	—	—	引领性
	3.数字经济核心产业增加值占 GDP 的比例	%	—	—	—	—	引领性
	4.骨干企业装备数控化率	%	—	—	—	—	导向性
（二）科技现代化	5.全社会研究和发展（R&D）经费支出占GDP 的比例	%	—	—	—	—	引领性
	6.基础研究经费支出占研发比例	%	—	—	—	—	赶超性
	7.科技进步贡献率	%	—	—	—	—	引领性

指标		单位	评价标准（阶段目标）				指标性质
一级指标	二级指标		2018 年	2022 年	2030 年	2035 年	
（三）开放现代化	8. 实际利用外资占 GDP 比重	%	—	—	—	—	补短板
	9. 对外直接投资占 GDP 比重	%	—	—	—	—	补短板
	10. 自主品牌产品出口额占全省出口总额的比例	%	—	—	—	—	导向性
（四）收入现代化	11. 城镇居民人均可支配收入	万元	—	—	—	—	引领性
	12. 农村居民人均可支配收入	万元	—	—	—	—	引领性
（五）消费现代化	13. 人均居民消费支出	元	—	—	—	—	引领性
	14. 网络零售额占社会消费品零售总额比例	%	—	—	—	—	引领性
	15. 重点领域主要消费品国际标准一致性程度	%	—	—	—	—	引领性
（六）政府治理现代化	16. 营商环境指数	—	—	—	—	—	引领性
	17. 在线服务成效度	%	—	—	—	—	引领性
	18. 清廉指数	分	—	—	—	—	约束性
	19. 政商亲清指数	—	—	—	—	—	导向性
（七）文化现代化	20. 人均文化事业费	元/人	—	—	—	—	赶超性
	21. 博物馆参观总人次	万人次	—	—	—	—	引领性

续　表

指标		单位	评价标准（阶段目标）				指标性质
一级指标	二级指标		2018年	2022年	2030年	2035年	
（八）教育现代化	22.政府教育支出占GDP的比重	％	—	—	—	—	补短板
	23.高等院校科研经费投入总额占GDP比重	％	—	—	—	—	补短板
	24.高技能劳动者占就业人员比重	％					赶超性
（九）城市现代化	25.城市智慧大脑服务面积覆盖率	％					引领性
	26.未来社区数量	个	—	—	—	—	预期性
	27.群众安全感满意率	％					引领性
（十）卫生和健康现代化	28.人均预期寿命	岁					预期性
	29.国民体质监测合格率	％					引领性
	30.全省智慧医疗覆盖率	％					引领性
（十一）生态现代化	31.单位GDP节能减排降碳				—	—	约束性
	32.城市环境空气PM2.5年均浓度（平均）	微克/立方米					约束性
	33.省控断面Ⅲ类及以上水质断面占比	％	—	—	—	—	约束性

注：①2035年建设目标。借鉴发达国家关于现代化建设的研究成果，与浙江现代化建设阶段目标衔接，根据省级部门、高校专家意见、建议，测算2035年建设目标。

②指标性质分为进程类、成果类。进程类指标主要分为引领性、赶超性、补短板、约束性。引领性指标，是指目前处于全国前列，并继续走在前列的指标；赶超性指标，是指目前低于全国平均水平，通过"更进一步"的发展，有望"走向前列"的指标；补短性指标，是指目前低于对标区域，通过"更快一步"的发展，能够达到平均水平的指标；约束性指标，是指现代化建设中，国家下达的指标。成果类指标主要分为预期性和引导性。预期性指标，是指预期取得该方面成果的指标；引导性指标，是指引导取得该项成果的指标。

（2）有关说明

维度设置。 根据浙江现代化建设理论体系中两个阶段及其内涵、特征，将第二阶段（到 2050 年）的现代化维度划分为"五个文明"，对应性地将第一阶段（到 2035 年）的现代化建设维度划分为"11 个现代化"。

指标选择。 通过研究国内外相关文献，借鉴广东、江苏等省市的现代化指标体系，结合浙江富民强省十大行动计划具体指标、长三角一体化区域 2022 年发展目标及 2035 年远景目标，运用专家调查法，对产业、科技、城市、开放、消费、生态、文化、收入、教育、卫生以及政府治理等 11 个现代化指标，设立了 33 个二级指标。 一般每个一级指标包含 2—4 项二级指标、若干观测指标，基本涵盖了各领域现代化的发展情况和具体细节。

指标目标。 以联合国 17 个可持续发展指标作为现代化建设的底线，借鉴国务院发展研究中心开发的中国经济可计算一般均衡模型（DRC-CGE）、国家统计局《"十二五"至 2030 年我国经济增长前景展望》等研究成果，做好与长三角一体化区域目标衔接，研究设置 2035 年远景目标。

指标性质。 总体分为建设进程类指标与建设成果类指标。

一是进程类指标。 主要分为引领性、赶超性、补短板、约束性。 二是成果类指标。 主要分为预期性和引导性。 预期性指标，是指预期取得该方面的成果的指标。 引导性指标，是指引导取得该项成果的指标。

指标精简。 "11 个现代化"是一项系统工程，部分指标存在一定关联性。 对于其中的一些重复性指标，首先，按大类归并，之后进行简化；其次，一个现代化的大类指标内容丰富，其他现代化的小类指标不再重复展开。以卫生健康现代化为例，生态环境健康涉及生态现代化、城市现代化，健康保障涉及政府治理现代化，因病致贫、因病返贫涉及收入现代化，健康产业的发展也涉及产业现代化，以上重复性指标、大小类涵盖性指标、内容关联性指标等，均予以适当精简。 又如，平安浙江建设中，收入差距过大造成的平安隐患与收入现代化相关；产业现代化中，节能降耗减排、绿色制造等与生态现代化相关，安全生产与平安长三角一体化区域、城市现代化相关；其他同理予以适当精简。

4.2.4 评价体系

全面贯彻习近平新时代中国特色社会主义理论与现代化建设理论，以客观评价浙江现代化进程、补齐现代化建设短板、增创发展优势为主要目的，建立符合社会主义本质要求、遵循现代化建设客观规律、体现长三角一体化区域战略部署、反映长三角一体化区域发展下浙江现代化建设成效的评价体系。

整套评价体系由评价指标、评价目标、评价权数、评价公式、评价得分5部分构成。

第一，评价指标。 评价体系由 11 个现代化一级指标、33 项二级指标构成。

第二，评价目标。 评价目标由建设目标和奋斗目标构成。 建设目标是指对标发达国家、根据国家现代化建设战略安排、立足长三角一体化区域实际与浙江省情社情所确立的基本实现高水平现代化建设目标。 奋斗目标是在建设目标的基础上，突出"更进一步、更快一步"指示精神，确立到 2035 年的更高奋斗目标。

第三，评价权数。 评价指标权重的确定，总体采用平均赋权法和专家建议法，即在平均赋权的基础上，根据省级政府部门专家建议，对综合性和关键性指标适当加大权重。

第四，评价公式。 浙江现代化综合评价公式如公式（1）所示，所有指标先经过无量纲化处理，再根据权数进行综合得分计算，最终得到浙江现代化建设指数、现代化奋斗指数。 现代化建设指数是指以"建设目标"作为评价目标，经过浙江现代化综合评价公式计算，所得到的现代化综合评价指数；现代化奋斗指数是指以"奋斗目标"作为评价目标，经过浙江现代化综合评价公式计算，所得到的现代化综合评价指数。

$$Z_i = \sum_{j=1}^{33} \left(\frac{\min(x_{ij}, x_{(2035, j)}) - x_{0j}}{x_{(2035, j)} - x_{0j}} \times a_j + (1 - a_j) \right) \times b_j \quad 公式（1）$$

$$(i = 2019, 2020, 2021, \cdots 2035)$$

注：①Z_i 代表 i 年度浙江现代化综合评价指数。 运用"建设目标"作为评价目标时，

Z_i 为现代化建设指数；运用"奋斗目标"作为评价目标时，Z_i 为现代化奋斗指数。

②x_{ij} 代表第 j 项指标在 i 年度的数值，$x_{(2035,j)}$ 代表第 j 项指标在 2035 年现代化建设评价目标值，x_{0j} 为第 j 项指标的无量纲化初值。 a_j 为第 j 项指标的无量纲化系数，b_j 为第 j 项指标的无量纲化权数。

③$\min(x_{ij}, x_{(2035,j)})$ 为第 j 项指标在 i 年度的建设进度取值。 当超过 2035 年现代化建设评价目标值时，取 x_{2035}。

第五，评价得分。 现代化建设综合评价指数总计为 1000，在平均赋权的基础上，根据各个现代化之间的内在因果、短板优势以及省级政府部门专家建议，对综合性和关键性指标适当加大权重，生态现代化占 190‰，产业现代化占 150‰，科技现代化占 140‰，卫生和健康现代化占 110‰，开放现代化占 80‰，城市现代化占 80‰，教育现代化占 80‰，消费现代化占 70‰，文化现代化占 50‰，收入现代化占 50‰。

对照"建设目标"，现代化建设综合评价指数达到 900 以上，"基本实现"高水平现代化建设目标。

对照"奋斗目标"，现代化奋斗指数达到 900 以上，且 50% 以上的指标超过"建设目标"，"基本实现"高水平现代化奋斗目标。 满足条件之一时，为"初步实现"高水平现代化奋斗目标。

5

长三角一体化下浙江基本实现高水平现代化比较优势

    浙江现代化路径具有显著的市场经济驱动、外向型经济导向与制度质量引致的复合特征，其中外向型经济导向与制度质量引致特征又聚焦于区域一体化的地理背景。研究浙江的现代化发展路径、趋势及其潜力，首要地，需要从区域一体化这一省域现代化地缘基础出发，比较分析浙江与区域内其他省（市）在不同层面的比较优势基础。长江三角洲区域一体化战略旨在基于区域经济地理禀赋异质性，发挥"三省一市"各自比较优势，协同推进浙江及其他"二省一市"区域发展。厘清长三角一体化区域异质性禀赋及其比较优势，分析"三省一市"协同边际，寻求梯度一体化与价值链一体化发展的禀赋基础，是廓清浙江现代化问题的关键。

    一般意义上，经济学主张从经济活动的成本刻画经济主体的比较优势，或基于对偶性原理（Duality）从经济利益的量化比较予以勘察。考虑到我们所研究的主体为长三角一体化区域这一具有经济地理特征的经济主体，有别于传统比较优势的分析范式，经济地理学与空间经济学框架下，从产业、收入等中观视阈切入研究区域比较优势的异质性，更利于从经济系统框架整合区域产业分工问题与贸易价值链循环问题。

    协调推进建设"产业、教育基础牢靠，科技、城市、消费、文化、政府治理动力十足，全面开放共赢，收入分配合理，人民幸福健康，生态文明兴盛"的高水平现代化体系，全力打造长三角一体化区域高水平现代化示范区。本书选取了日本、德国、韩国、美国、英国、新加坡 6 个现代化先行国家作为长三角一体化区域"三省一市"现代化的对标基准,拟合选取了"三省一市"现代化进程指数与追赶指数,与此同时模拟得出了上限指数与下限指数。 有基于此,结合长三角一体化区域区情社情,通过对基础现代化比较优势(包括产业、教育现代化比较优势)、动力现代化比较优势(包括科技、城市、消费、文化、政府治理现代化比较优势)、开放现代化比较优势、福利现代化比较优势(包括生态、收入与卫生现代化比较优势)系统分析,解析浙江与长三角一体化区域内其他省市的异质性比较优势,为分析长三角一体化下基本实现高水平现代化的机制与路径奠定基础。

5.1 基础现代化的比较优势

5.1.1 产业现代化比较优势

(1)产业现代化的概念界定与理论内涵

宏观经济层面的产业发展是现代化的重要方面,产业具有广域价值链衔接的特征,一方面是联结各市场微观主体生产经营行为与要素配置流转行为的中观载体,另一方面是区域内与区域间贸易的价值链上下游关联的纽带。一般地,产业现代化主要指一个国家或地区的各个产业知识、技术密集度不断提升,生产要素配置越发合理,各个产业高度协调发展,由此推动国家或地区现代化不断走向世界的前列。 为实现上述目标,要着重做好以下 3 点:一要推动发展模式和发展动力转换,培育实体经济新的发展动力;二要紧紧依靠科技创新和科技进步来提升实体经济的质量和效益;三要促进产业要素高效整合,转变传统产业发展业态、模式,实现存量产业实体的集约化发展,与此同时加快培育产业发展新动能,着重推进市场主体培育、市场要素配置与市场价值链结构重塑,形成存量产业优化与增量产业培育共同推进的现代产业发展体系,夯实产业现代化的动能基础、模式基础与路径基础。

根据产业现代化的概念界定与理论内涵,考虑到长三角一体化区域,美国、日本数据的可获得性，评估长三角一体化区域产业现代化进程和水平的指标选用工业增加值占 GDP 比重、劳动生产率、服务业从业人数占比这 3 类，进行对标分析后基本可以反映对标现代化先行国家浙江及其他"二省一市"区域产业现代化的进程及趋势。

（2）产业现代化比较优势分析

在产业现代化静态比较优势方面，如图 5-1 所示，自 2017 年浙江、上海产业现代化水平在"三省一市"中处于领先位置，江苏与安徽在产业现代化方面进程略微滞后。 从进程水平看，产业现代化进程指标显示浙江的产业比较优势随着时间的推移进一步扩大，浙江在产业方面具备较为显著的静态比较优势。

在产业现代化动态比较优势方面，如图 5-2 所示，自 2017 年浙江、上海产业现代化水平在"三省一市"中处于领先位置，江苏与安徽在产业现代化方面进程略微滞后。 从追赶指数看，产业现代化追赶指数显示浙江与上海的产业比较优势随着时间的推移进一步扩大，浙江与上海在产业方面具备较为显著的动态比较优势，江苏产业现代化进程指数斜率为正，安徽产业现代化进程指数斜率为负。 与此同时，以 2032 年为临界年份，浙江产业现代化水平反超上海，沪、浙两地产业比较优势呈现一定程度的迭代性，表明伴随产业发展阶段的推移，两地产业比较优势地位有所更迭。

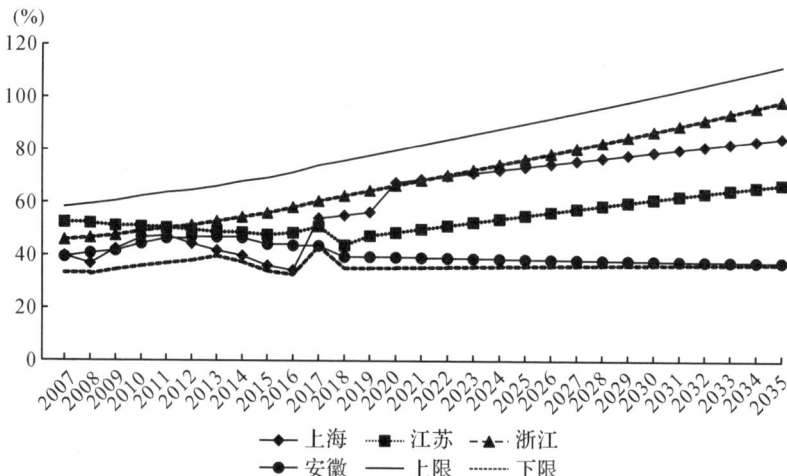

图 5-1　产业现代化静态比较优势

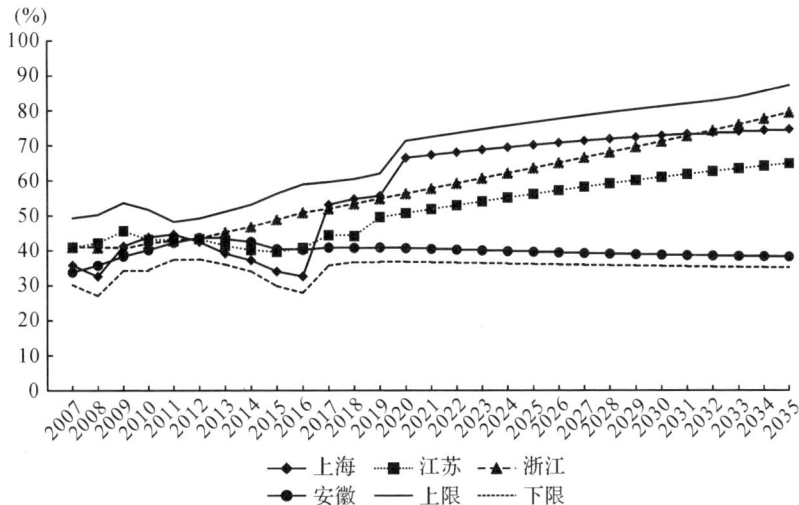

图 5-2　产业现代化动态比较优势

5.1.2 教育现代化比较优势

（1）教育现代化的概念界定与理论内涵

教育现代化是教育复杂系统与时俱进、不断演进的过程，教育现代化是指教育思想、教育观念、教育体系、条件保障和管理水平的现代化。浙江教育现代化，要求建立更加完善的教育体系，实现更高水平的普及教育，实现更全面的优质教育公共产品供给，形成教育供给的广泛化与公平化发展，搭建高效教育技术支撑体系，形成供给主体多元、供给模式开放的现代化教育体制和机制。其理论内涵是普及、质量、公平、结构等方面整体水平的提升。

根据教育现代化的概念界定与理论内涵，考虑到数据的可获得性，长三角一体化区域教育现代化评价指标选用政府教育支出占 GDP 的比重、基础教育生均教育经费、高等教育毛入学率、高等教育生师比、高等院校科研经费投入总额占 GDP 比重、高校境外学生占在校生的比重。

（2）教育现代化比较优势分析

在教育现代化静态比较优势方面，如图 5-3 所示，上海教育现代化水平在"三省一市"中处于绝对领先位置，浙江、江苏与安徽在教育现代化方面进程略微滞后。从进程水平看，教育现代化进程指标显示上海的教育比较优势呈现稳态变化态势,上海在教育方面具备较为绝对的静态比较优势。

在教育现代化动态比较优势方面,如图 5-4 所示,上海教育现代化水平在"三省一市"中处于领先位置,浙江、江苏与安徽在教育现代化方面进程略微滞后。 从追赶指数看,教育现代化追赶指数显示上海的教育比较优势缓慢收窄,但与其他 3 省的差值仍然显著,上海在教育方面具备较为绝对的动态比较优势。

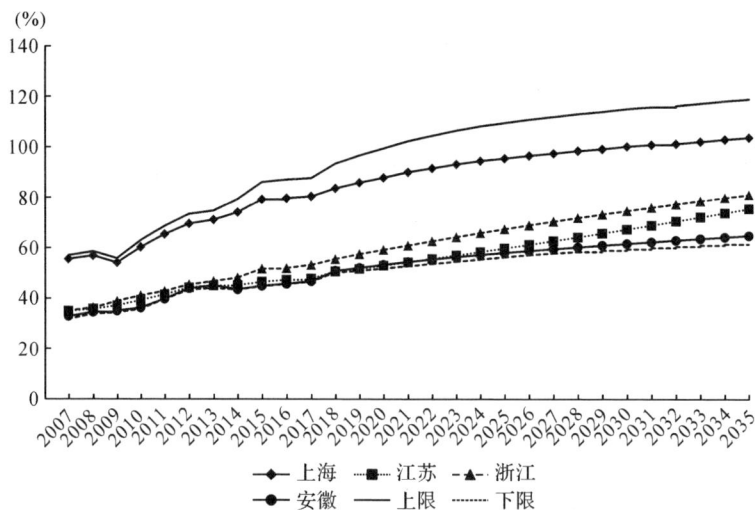

图 5-3 教育现代化静态比较优势

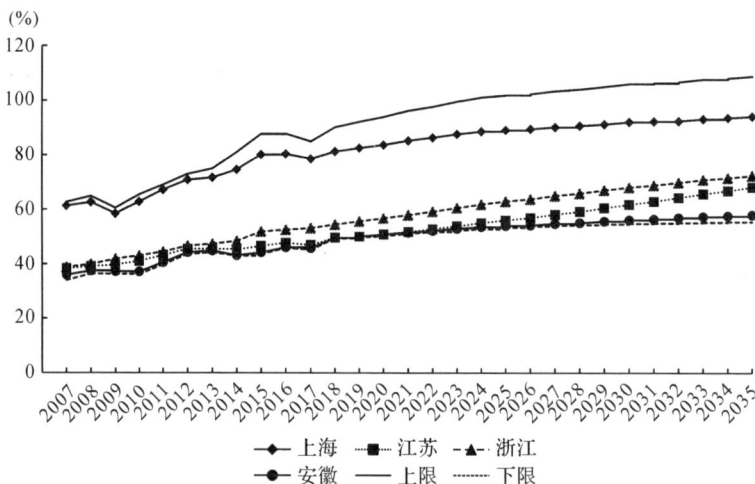

图 5-4 教育现代化动态比较优势

5.2 动力现代化的比较优势

5.2.1 科技现代化比较优势

（1）科技现代化的概念界定与理论内涵

科技现代化是指科技已在一国经济发展中成为第一生产力，包括科技体制、人力资源、管理创新等竞争能力可以满足社会发展的需要，并与社会发展处于良性的互动状态下不断推动整个国家的现代化进程。其理论内涵：一是目标方向上，科技发展整体水平向现代世界先进水平迈进；二是功能作用上，科技发展为现代经济、社会发展做出决定性贡献；三是方式手段上，不断探索和完善科技发展现代体制和运行机制，体制机制灵活，能激发企业、研发人员和民众的创新积极性，创新活力迸发，科技潜力大。①

根据科技现代化的概念界定与理论内涵，考虑到数据的可获得性，长三角一体化科技现代化指标体系主要从科技资源、科技成果、产业发展、经济效益、节能环保 5 个层面选择可量化比较的指标进行评价。

（2）科技现代化比较优势分析

在科技现代化静态比较优势方面，如图 5-5 所示，江苏科技现代化水平在"三省一市"中处于微弱领先位置，上海与浙江科技现代化水平也处于较高水平，安徽在科技现代化方面进程略微滞后。从进程水平看，科技现代化进程指标显示江苏与上海的科技比较优势随着时间的推移趋向收敛，浙江科技现代化速度趋缓，江苏与上海在科技现代化方面具备较为一定的静态比较优势。

在科技现代化动态比较优势方面，如图 5-6 所示，在 2027 年前，江苏、上海与浙江科技现代化水平在"三省一市"中处于领先位置，具备较为一定的动态比较优势，安徽在科技现代化方面进程略微滞后。从追赶指数看，教育现代化追赶指数显示各地科技比较优势差异总体趋势随着时间的推移逐渐收

---

① 李健民等：《上海科技现代化发展报告》，《科学学与科学技术管理》2002 年第 9 期。

窄，体现了一体化下科技比较优势的趋同态势。

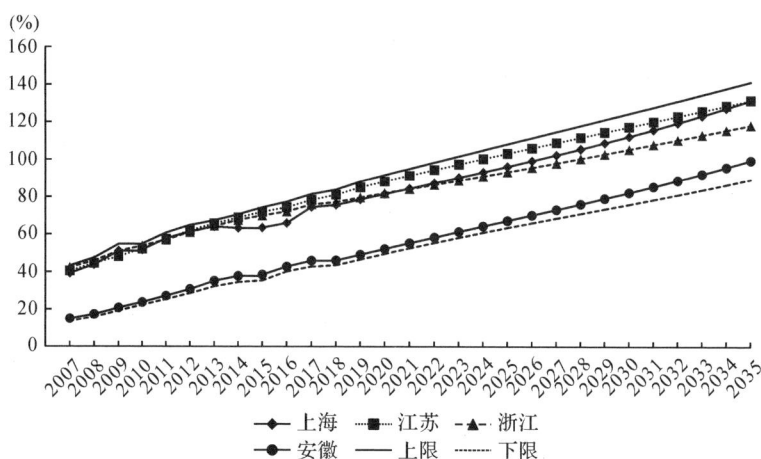

图 5-5　科技现代化静态比较优势

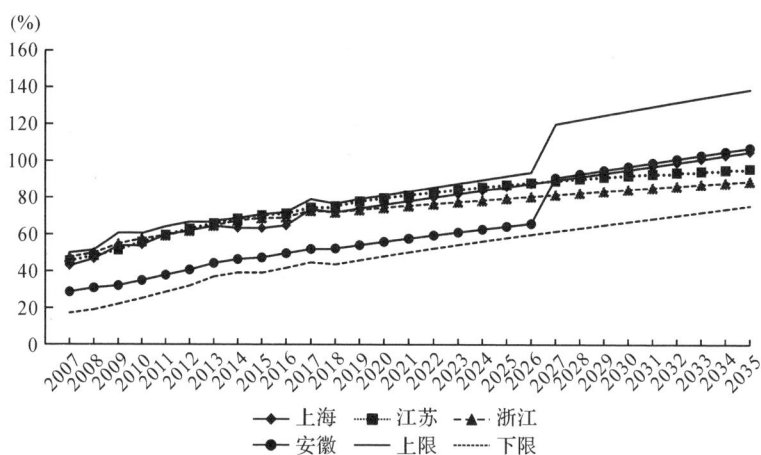

图 5-6　科技现代化动态比较优势

5.2.2　城市现代化比较优势

（1）城市现代化的概念界定与理论内涵

①城市现代化的概念界定。　城市现代化是指城市的多功能子系统按现代方式均衡、协调运行，使城市整体的发展和竞争力达到所处时代的先进水平。它是一个复杂的历史发展过程，是有阶段性的。　它不仅由科学、技术和生产

力发展水平等条件所决定，而且受地理、历史、文化、民族、社会经济制度等因素的制约。 城市现代化的发展，还表现为时空结构的变迁，并且是以人的相对独立活动为中心，以经济、社会与生态效益为目的，以科学技术发展为条件。 城市现代化不是一个纯粹的自然过程，而是一个历史的变动过程。[①]

②城市现代化的内涵。 一是城市生产、交换过程和活动的高效化、现代化，主要是指社会分工的深化与社会协作的延展，在经济地域范畴上主要包括城市内部与城市之间，这构成了特定经济地理区域内城市存续发展模式及路径。

二是生活环境现代化。 首先是基础设施高能化，包括道路、交通（国内与国际）、通信、供排水、供电、供气等现代设施极为灵敏、便捷和通畅，公用服务设施充足齐全，方便高效。 其次是生态环境优质化。 污染得到防治，绿化面积有保障，生态系统保持良性循环，市民生活在一个清洁、优美、舒适、宁静和无害于健康的空间环境。[②]

三是城市服务供给体系、市政管理体系的高水平化。 主要包括政府公共产品供给体系与能力的高水平化，涵盖城市规划建设、社会公共服务供给体系建设、劳动力就业保障体系建设等多维城市公共产品供给与公共服务供给。

四是城市创新机制与创新动能现代化，以及城市精神文明建设现代化。城市创新机制与创新动能现代化是推进城市现代化的内源动力，城市精神文明建设则构成城市现代化的上层建筑，且是城市高水平现代化的重要表征。

（2）城市现代化比较优势分析

在城市现代化静态比较优势方面，如图 5.7 所示，上海与浙江城市现代化水平在"三省一市"处于领先位置，江苏城市现代化水平亦处于较高水平，安徽在城市现代化方面进程略微滞后。 从进程水平看，城市现代化进程指标显示上海与浙江的城市比较优势随着时间推移趋向收敛，上海与浙江在城市现代化方面具备较为一定的静态比较优势。

在城市现代化动态比较优势方面，如图 5.8 所示，上海与浙江城市现代化水平在"三省一市"处于领先位置，具备较为一定的动态比较优势，江苏城

---

① 朱铁臻:《城市现代化发展的几个理论问题》,《中国经济时报》2002 年第 12 期。

② 王晓梅:《水利资源与现代城市的发展探析》,《科技创新导报》2012 年第 12 期。

市现代化水平稳定居于较高水平，安徽在城市现代化方面进程略微滞后。 从追赶指数看，城市现代化追赶指数显示以 2033 年为临界年份，浙江比较优势重新优于上海，浙江具有一定的城市现代化动态比较优势。

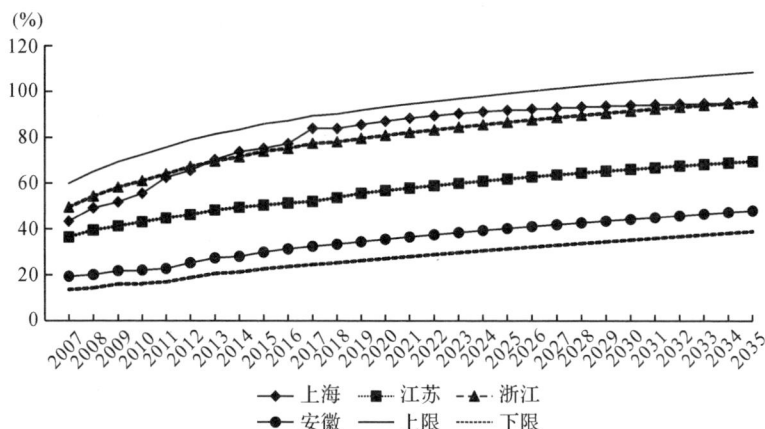

图 5-7　城市现代化静态比较优势

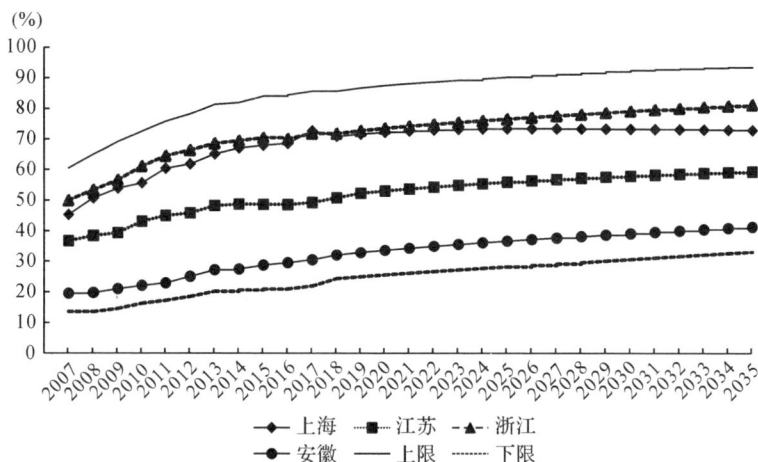

图 5-8　城市现代化动态比较优势

5.2.3　消费现代化比较优势

（1）消费现代化的概念界定与理论内涵

消费现代化是一个动态演进的过程，指随着收入的增长、消费者素质的提高和消费理念的进步，消费水平更高，消费结构升级，消费理念更加先进，消费方式更加绿色，等等。

消费现代化是有助于形成消费主导型经济增长模式、消费对经济发展的基础性作用增强、消费水平更高、消费结构更高级、消费行为更成熟、消费方式更绿色、消费理念更加先进的居民消费形态的综合。根据上述定义，我们可以从需求结构、消费水平、消费结构、消费环境4个方面刻画消费现代化。其中，消费环境又分为人文消费环境和自然消费环境。考虑到数据的可获得性，长三角一体化区域消费现代化评价指标主要选用消费水平、每千人医院床位数和每千人互联网用户数。消费水平作为消费现代化的重要维度，是衡量现代化的重要尺度和标准，每千人医院床位数反映了医疗卫生消费的基础设施情况，每千人互联网用户数反映了居民信息消费水平和互联网使用情况。

（2）消费现代化比较优势分析

在消费现代化静态比较优势方面，如图5-9所示，上海消费现代化水平在"三省一市"中处于绝对领先位置，浙江与江苏消费现代化水平也处于较高水平，安徽在消费现代化方面进程略微滞后。从进程水平看，消费现代化进程指标显示上海与浙江的消费比较优势随着时间的推移趋向收敛，与苏、皖两省差距进一步拉大，上海在消费现代化方面具备较为一定的静态比较优势。

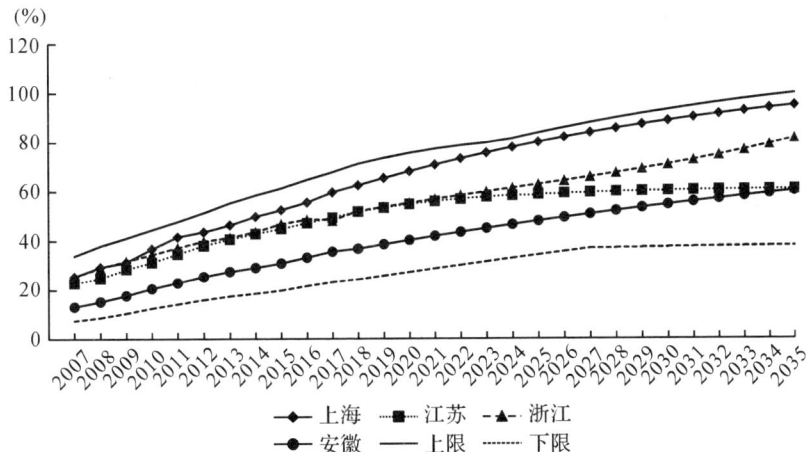

图 5-9　消费现代化静态比较优势

在消费现代化动态比较优势方面，如图 5-10 所示，上海消费现代化水平在"三省一市"中处于领先位置，具备一定的动态比较优势，江苏、浙江消费现代化水平紧随其后处于较高水平，安徽则在消费现代化方面进程略微滞后。 从追赶指数看，消费现代化追赶指数显示上海消费比较优势相较于浙江差距收窄，与江苏和安徽差距进一步拉大，上海具有一定的消费动态比较优势。

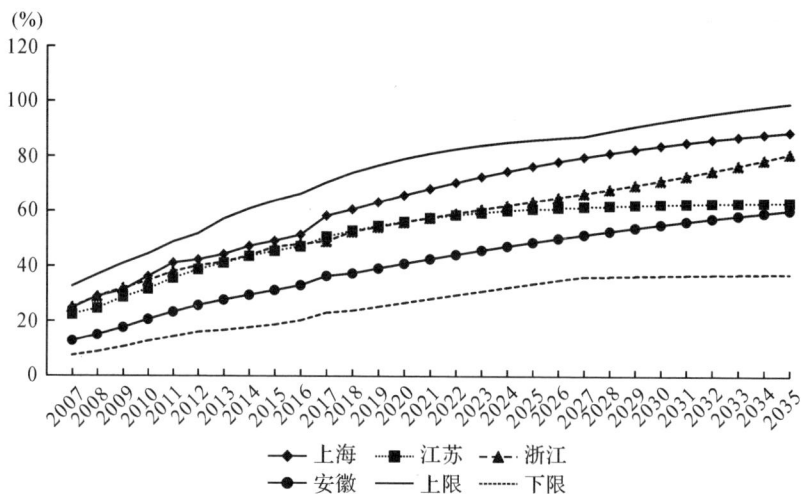

图 5-10　消费现代化动态比较优势

5.2.4 文化现代化比较优势

（1）文化现代化的概念界定与理论内涵

文化现代化，主要是指现代文化的形成、发展、转型和国际互动的复合过程，是文化要素的创新、选择、传播和退出交互进行的复合过程，也是不同国家追赶、达到和保持文化变迁的世界前沿地位的国际互动过程。[①] 文化现代化的理论内涵包括：①目标方向上，保持文化变迁的世界前沿地位。[②] ②功能作用上，促进现代文化的形成、发展、转型和国际互动。[③] ③方式手段

---

① 赵吉峰：《我国海洋体育文化现代化发展思考》，《体育文化导刊》2019 年第 9 期。
② 张玉：《中国文化现代化的意义研究》，《传承》2010 年第 12 期。
③ 张玉：《中国文化现代化的意义研究》，《传承》2010 年第 12 期。

上，对文化要素进行创新、选择、传播和退出交互。

根据文化现代化的概念界定与理论内涵，考虑到数据的可获得性，长三角一体化区域文化现代化水平评价指标选用国际旅游收入占比、入境旅游人次比例、服务业从业人数占比、每千人中互联网用户数、高等教育毛入学率。

（2）文化现代化比较优势分析

在文化现代化静态比较优势方面，如图 5-11 所示，浙江文化现代化水平在"三省一市"中处于绝对领先位置，上海与安徽文化现代化水平也处于较高水平，江苏在文化现代化方面进程略微滞后。 从进程水平看，文化现代化进程指标显示浙江的文化比较优势随着时间的推移相较其他地区逐渐扩大，浙江在文化现代化方面具备较为显著的静态比较优势。

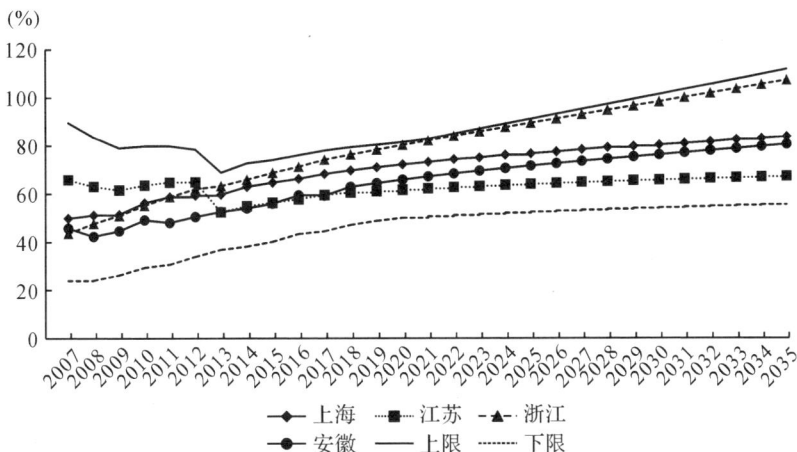

图 5-11　文化现代化静态比较优势

在文化现代化动态比较优势方面，如图 5-12 所示，上海、浙江、安徽文化现代化水平在"三省一市"中处于领先位置，具备较为一定的动态比较优势，江苏在文化现代化方面进程略微滞后。 从追赶指数看，以 2021 年为时间节点，文化现代化追赶指数显示安徽文化比较优势逐渐与其他地区拉开差距，上海与浙江文化现代化比较优势增幅平缓稳健，安徽具有一定的文化动态比较优势。

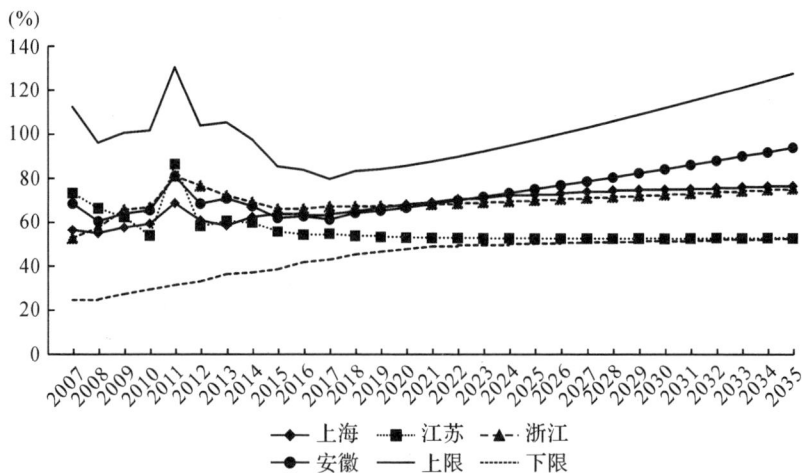

图 5-12 文化现代化动态比较优势

5.2.5 政府治理现代化比较优势

政府治理现代化是长三角一体化区域高水平现代化建设的重要内容，也是国家治理体系和治理能力现代化的题中之义。 国内外的实践经验表明，政府治理现代化水平可以从效率、廉洁、参与、法治、数字等 5 个维度进行衡量。 政府是国家治理的核心主体，政府治理现代化是实现长三角一体化区域高水平现代化建设的最大推力，是实现全面深化改革的"牛鼻子"。 长三角一体化区域实现政府治理能力、治理结构、治理主体、治理机制、治理手段现代化，到 2035 年打造成"运作高效、清正廉洁、依法行政、智慧协同、群众满意"的高水平现代化政府，成为长三角一体化区域政府治理现代化示范区。

（1）政府治理现代化的概念界定与理论内涵

2019 年浙江省《政府工作报告》中指出，要全面实施政府"两强三提高"建设行动计划，不断推进数字政府、节俭政府、法治政府、效能政府和廉洁政府建设，构建高效高能的政府治理体系，推进政府治理能力跃升。 政府是国家治理的核心主体，政府治理现代化构成浙江高水平现代化建设的最大推力，是实现全面深化改革的"牛鼻子"。 对标现代化先行国家，并比较广东、江苏等省份，我们认为浙江省政府建设已初步实现现代化，治理水平走在全国前列，特别在数字政府、廉洁政府、参与型政府建设方面具有优势。 下一阶段，浙江应正确处理好"五对关系"（行动与绩效、放权与监管、开放与协同、改革与规则、技术与管理），实现政府治理能力、治理结构、治理主体、治理机制、治理手段现代化，到2035年打造成"运作高效、清正廉洁、依法行政、智慧协同、群众满意"的高水平现代化政府，成为政府治理现代化的标杆省份。

理论内涵而言，政府治理现代化，从现代化建设、发展指向上看，主要围绕两大问题展开：第一，如何改善政府治理效率，赋能政府治理正向溢出性，形成以政府治理为手段的硬伤环境的改善，主要涉及政府行政效率、宏观制度红利以及制度鼎新引致的制度环境的改善。第二，如何赋能并激发市场主体创新发展的竞争动能，进一步完善市场主体活跃、契约摩擦压降、高质量驱动的市场经济。

（2）政府治理现代化比较优势分析

一是浙江的政府效率好于长三角一体化区域其他"二省一市"：在治理投入度上，浙江政府公共服务支出高，但运作成本也较高；在治理产出度上，浙江公共服务供给水平总体高于长三角一体化区域其他"二省一市"。

①治理投入度包含以下测度指标

第一，一般公共服务支出占财政总支出比重：浙江高于长三角一体化区域其他"二省一市"。2017年浙江一般公共服务支出占财政总支出比重为10.16％，上海为4.25％，江苏为9.75％，安徽为7.31％。自2006年起浙江该指标呈逐年下降趋势，虽然仍高于江苏，但差距在逐渐缩小。2015年浙江省一般公共服务支出占财政总支出比重为8.79％，上海为4.20％，江苏为8.73％，安徽为7.64％。

第二，国有单位就业人员占全部就业人员比重：浙江低于上海、江苏，但高于安徽。2016年浙江国有单位就业人员占全部就业人员比重为5.46％，上海为7.36％，江苏为5.70％，安徽为4.38％。

第三，医疗卫生支出占财政总支出比重：浙江高于上海、江苏，低于安徽。2017年浙江医疗卫生支出占财政总支出比重为7.76％，上海为5.46％，江苏为7.43％，安徽为9.64％。

第四，教育支出占财政总支出比重：浙江均高于长三角一体化区域其他

"二省一市"。 2017 年浙江教育支出占财政总支出比重为 18.99％，上海为 11.58％，江苏为 18.64％，安徽为 16.36％。

②治理产出度包含以下测度指标

第一，每万人拥有卫生技术人员数：浙江均高于长三角一体化区域其他 "二省一市"。 2017 年浙江每万人拥有卫生技术人员 82 人，上海为 78 人，江苏为 69 人，安徽为 51 人。

第二，基础教育师生比：在小学教育师生比上，浙江优于江苏与安徽，较上海有一定差距。 2017 年浙江小学阶段师生比为 1：17.26，上海为 1：14.35，江苏为 1：17.99，安徽为 1：17.98。 在初级中学阶段师生比上，浙江较上海与江苏略有差距，但略优于安徽。 2017 年浙江初级中学师生比为 1：12.50，上海为 1：10.48，江苏为 1：11.47，安徽为 1：13.00。

二是浙江在政府廉洁方面好于长三角一体化区域其他 "二省一市"：在廉洁度上，浙江高于长三角一体化区域其他 "二省一市"，具有一定优势；在透明度方面，浙江总体水平低于长三角一体化区域其他 "二省一市"，有待提高。

①廉洁度包含以下测度指标

第一，公职人员违纪违规案件数：浙江低于长三角一体化区域其他 "二省一市"。 2016 年浙江省公职人员违纪违规案件数为 1198 件，上海为 1255 件，江苏为 1544 件，安徽为 1497 件。

第二，违纪违规人员数占国有单位就业人员数的比例：浙江 2016 年违纪违规人员数占国有单位就业人员数的比例与江苏持平，均为 0.07％，低于上海的 0.12％与安徽的 0.08％。

②透明度包含以下测度指标

第一，信息依申请按时办结率：浙江低于江苏，高于上海。 2017 年浙江省信息依申请按时办结率为 92.92％，上海为 74.39％，江苏为 94.53％。

第二，财政透明度：浙江低于上海、江苏和安徽。 2017 年浙江财政透明度得分为 37.23 分，上海为 55.94 分，江苏为 55.08 分，安徽为 65.69 分。

三是浙江在参与型政府建设上优于上海和安徽：在政府决策的公众参与度上，浙江高于江苏，具有一定优势。

第一，每万人拥有社会组织数：浙江远高于上海、安徽，但低于江苏。

2016 年浙江每万人拥有社会组织数为 8.50 个，上海为 5.86 个，江苏为 10.51 个，安徽为 4.15 个。

第二，工会密度：浙江远高于江苏。2016 年浙江工会密度为 54.69%，低于上海的 62.79%，江苏为 49.46%，高于江苏的 49.45% 与安徽的 23.13%，且提出了 36.26 万条合理化建议。

四是浙江政府在法治建设方面低于江苏，依法行政水平有进一步提升空间。

第一，行政诉讼案件数：浙江低于江苏但高于上海。2016 年浙江一审受理行政诉讼案件数为 1.12 万件，上海为 6695 件，江苏为 1.36 万件。

第二，行政机关败诉率：浙江远高于上海、江苏与安徽。2016 年浙江行政机关败诉率为 27.90%，上海为 4.63%，江苏为 8.35%，安徽为 16.9%。

五是浙江数字化政府建设水平略低于上海和江苏：在电子政务服务完备度与准确度、服务成熟度与成效度方面，浙江低于上海、江苏。

①服务完备度与准确度包含以下测度指标

第一，服务方式完备度：浙江高于上海、江苏与安徽。2018 年浙江省服务方式完备度指数为 96.7，上海为 86.13，江苏为 94.75，安徽为 91.68。

第二，服务事项覆盖度：浙江高于上海低于江苏和安徽。2018 年浙江省服务事项覆盖度指数为 90.17，上海为 70.98，江苏为 92.83，安徽为 90.39。

第三，办事指南准确度：浙江低于江苏、安徽，但高于上海。2018 年浙江办事指南准确度指数为 92.56，上海为 84.49，江苏为 96.89，安徽为 98.62。

②服务成熟度与成效度包含以下测度指标

第一，在线服务成熟度：浙江高于上海、江苏与安徽。2018 年浙江在线服务成熟度指数为 98.39，上海为 81.52，江苏为 89.91，安徽为 84.55。

第二，在线服务成效度：浙江高于上海、江苏与安徽。2018 年浙江在线服务成效度指数为 94.45，上海为 84.92，江苏为 93.64，安徽为 79.93。

与上海、江苏相比，浙江省在数字政府建设上主要存在两方面问题：第一，基础设施服务弱，支撑业务应用的底层框架可延展性差；第二，在线服务应用可及性、可用性差，仍未突出以用户为中心的原则，群众体验感不高。

同时，通过对标现代化国家，我们发现浙江在技术治理的基础设施建设、政务平台建设上存在较大差距。如在宽带网速方面，德国 50Mbit/s 宽带覆盖率在城市覆盖率达到 90.3%，在半城乡和乡村覆盖率分别为 67.7% 和 36.2%，而浙江省 2017 年总体宽带测速仅为 19.46Mbit/s。2017 年浙江省互联网普及率为 70.8%，同期上海为 73%，江苏为 57%，安徽为 47%，德国等发达国家普遍在 90% 以上，表明数字鸿沟尚存，有待进一步提升。在政务平台建设上，浙江省仍然处于服务集成——一站式办公阶段，即电子政府使用一站式办公、一网式服务、一表式数据等形式的服务。新加坡等发达国家已经实现了体验集成——一站式体验这一阶段，即公民可以在政府网站完整地体验政府全方位服务。相较之下，浙江省在以往政务服务建设中，更加侧重于对依申请审批事项的在线办理，公共服务领域尚未扩面。

5.3　开放现代化的比较优势

（1）开放现代化的概念界定与理论内涵

全面开放是在我国经济社会建设过程中，对外交流不断扩大，参与国际分工和国际贸易的规模不断扩大，对外开放质量不断提升的动态过程。全面开放也是在当前国际经济环境下，"逐步形成以国内大循环为主体、国内国际双循环相互促进的新发展格局"的内在要求。开放现代化建设的重点，是经济领域的开放，是经济领域的对外交流。

开放现代化就是要在经济层面推动系统开放，处理好各类生产要素在国内外的优化配置问题。现代化经济体系是开放经济条件下的经济系统，有别于封闭经济条件下的经济体系，在资源配置、要素流转等方面存在着显著的空间经济差异与经济地理差异。实现开放现代化，则要求着眼多边互通、多元平衡、广域协同，转变经济系统的发展模式与路径，强化外向度发展层次、水平，推动开放朝着优化结构、拓展深度、提高效益方向转变。伴随当前国际经济治理体系的发展，推进"一带一路"倡议实施，广域衔接经济高质量发展与供给侧结构性改革战略布局，坚持"引进来"和"走出去"并重，遵循共

商共建共享原则,推动劳动力、资本与其他要素"走出去",加强创新能力开
放合作,实现全球视野的资源优化配置。①

　　浙江全面开放新格局的形成,有待于进一步提升融入"一带一路"建设水
平,提升长三角一体化区域现有开放层级。 开放型经济的外向度水平,集中
表征为国际贸易和国际投资的体量、结构与质量,不仅要看出口的增速,更要
看出口的结构和附加值;不仅要看引进外资的数量,更要看外资的质量和技
术含量;不仅要看"走出去"的规模,更要看带回来的价值。 长三角一体化
区域开放现代化的经济测算指标选用出口开放度、进口开放度、高科技产品
出口占制成品出口比重、引资开放度、对外投资开放度等 5 个测算指标。

　　(2)开放现代化比较优势

　　在开放现代化静态比较优势方面,如图 5-13 所示,上海与浙江开放现代
化水平在"三省一市"中处于领先位置,江苏与安徽在开放现代化方面进程略
微滞后。 从进程水平看,开放现代化进程指标显示上海、浙江的开放比较优
势随着时间的推移趋向收敛,对比江苏、安徽两省优势明显,上海与浙江在开
放现代化方面具备一定的静态比较优势。

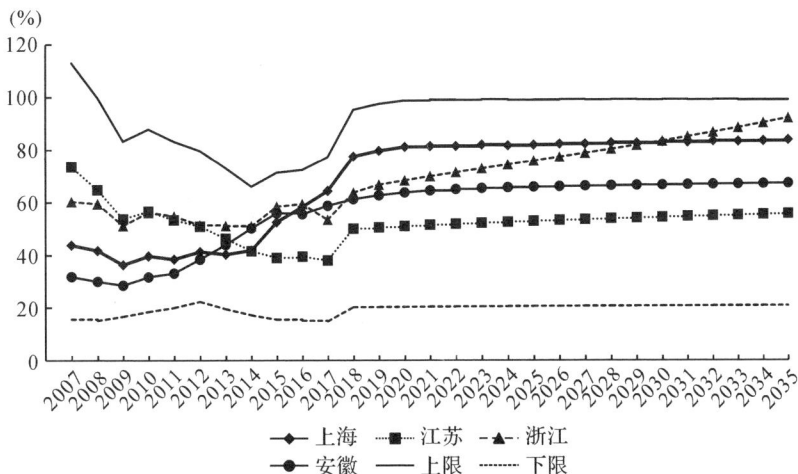

图 5-13　开放现代化静态比较优势

---

① 王立胜:《三个层面把握现代化经济体系内涵》,《人民周刊》2018 年 9 月 15 日。

在开放现代化动态比较优势方面，如图 5-14 所示，上海与浙江开放现代化水平在"三省一市"中处于领先位置，具备一定的动态比较优势，江苏与安徽在开放现代化方面进程略微滞后。 从追赶指数看，开放现代化追赶指数显示浙江开放比较优势相较于上海、江苏与安徽逐步扩大，浙江具有较为显著的开放动态比较优势。

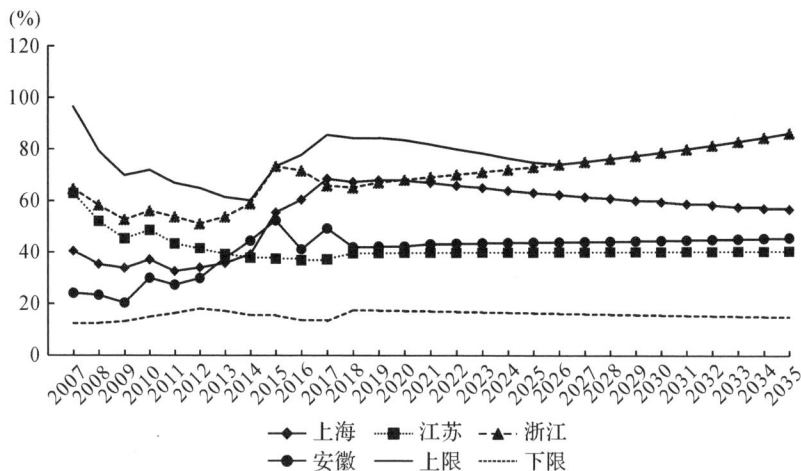

图 5-14　开放现代化动态比较优势

5.4　福利现代化的比较优势

5.4.1　生态现代化比较优势

（1）生态现代化的概念界定与理论内涵

生态现代化是现代化与自然环境的一种互利耦合，是世界现代化的一种生态转型，即向符合生态学原理发展模式转变。[1] 其理论内涵：一是目标方向上，实现经济发展与环境退化的脱钩；二是实现机制上，通过技术创新实现经济生态化、通过制度创新实现生态经济化；三是实现路径上，要推动技术创

---

[1]　杨志华等:《生态现代化》,《绿色中国》2019 年第 9 期。

新、重视市场主体、强调政府作用、关注生态理性、促进生态转型。

根据生态现代化的概念界定与理论内涵，长三角一体化区域生态现代化指标，选取单位 GDP 碳排放、森林覆盖率、单位能源创造的 GDP、细颗粒物（PM2.5）年平均浓度等 4 个测算指标。

（2）生态现代化比较优势

在生态现代化静态比较优势方面，如图 5-15 所示，浙江生态现代化水平在"三省一市"中处于绝对领先位置，上海、江苏与安徽在生态现代化方面进程略微滞后。从进程水平看，生态现代化进程指标显示浙江的生态比较优势相较于其他地区能随着时间的推移保持稳定；浙江在生态现代化方面具备较为稳健的静态比较优势。

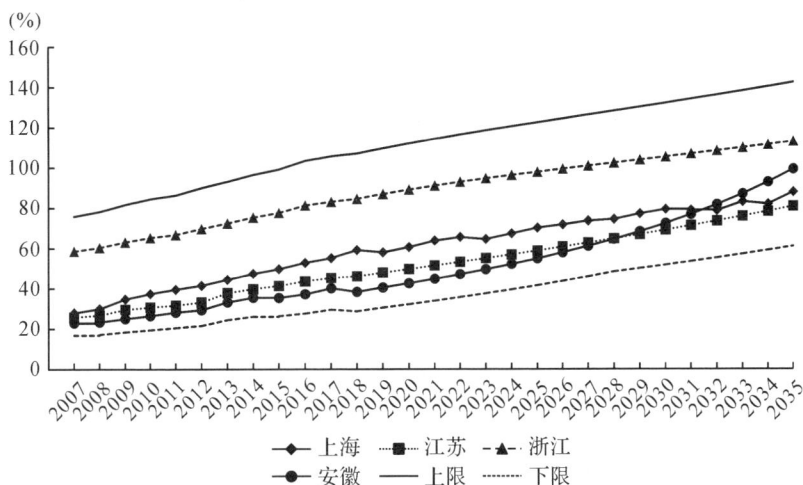

图 5-15　生态现代化静态比较优势

在生态现代化动态比较优势方面，如图 5-16 所示，浙江生态现代化水平在"三省一市"中处于领先位置，具备较为显著的动态比较优势，上海、江苏与安徽在生态现代化方面进程略微滞后。从追赶指数看，生态现代化追赶指数显示浙江生态比较优势相较于上海、江苏与安徽前期进一步拉大，后期平缓趋向收敛，浙江具有较为显著的生态现代化动态比较优势。

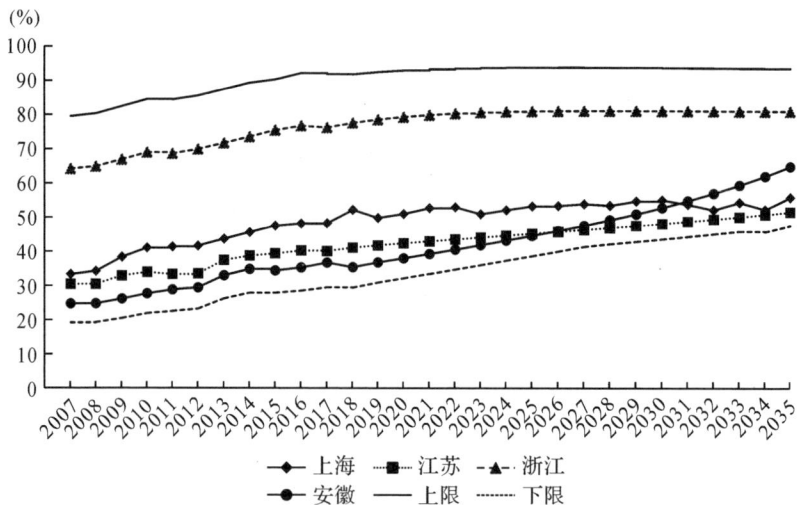

图 5-16　生态现代化动态比较优势

5.4.2　收入现代化比较优势

（1）收入现代化的概念界定与理论内涵

收入现代化指收入水平较高，达到高收入国家行列，收入增长速度较快，能够同步于经济发展，并且收入增长具有可持续性，收入分配更合理、更有序。收入是经济发展的成果展现，也是居民美好生活需要满足的重要基础。因此，收入现代化是实现高水平现代化的重要目标。

根据收入现代化的概念界定与理论内涵，我们认为收入水平、收入增长速度与持续性和收入分配状况是体现收入现代化的重要指标。考虑到数据的可获得性，长三角一体化区域收入现代化评价指标主要选用收入水平和基础教育生均教育经费2个指标。其中，收入水平反映了收入状况，是实现高水平现代化的重要支撑，也是收入现代化中最重要的指标；基础教育生均教育经费反映收入增长的可持续性，是推进收入现代化进程的重要保障。

（2）收入现代化比较优势

在收入现代化静态比较优势方面，如图5-17所示，上海收入现代化水平在"三省一市"中处于绝对领先位置，浙江、江苏与安徽在收入现代化方面进程略微滞后。从进程水平看，收入现代化进程指标显示上海的收入比较优势

相较于其他地区能随着时间的推移保持稳定，体现了上海在收入现代化方面
具备较为稳健的静态比较优势；与此同时浙江收入现代化比较优势与上海的
差距逐渐缩小，上海具有一定的收入现代化静态比较优势。

在收入现代化动态比较优势方面，如图 5-18 所示，上海收入现代化水平
在"三省一市"中处于领先位置，具备较为显著的动态比较优势，浙江、江苏
与安徽在收入现代化方面进程略微滞后。从追赶指数看，收入现代化追赶指
数显示相较于浙江、江苏与安徽，上海收入比较优势趋向扩大，上海具有较为
显著的收入现代化动态比较优势。

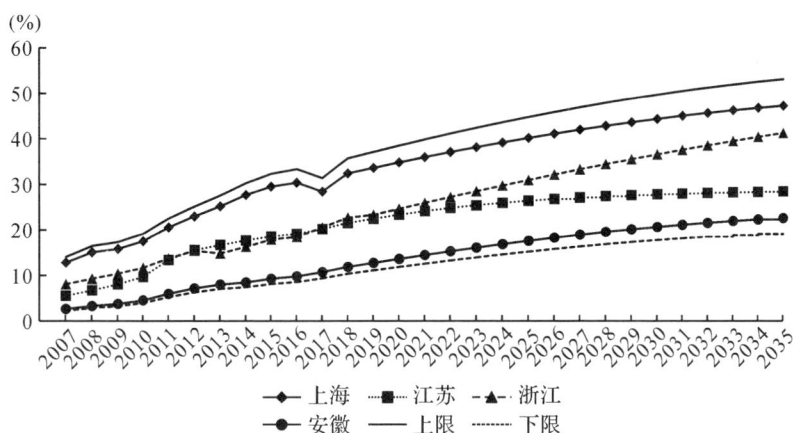

图 5-17　收入现代化静态比较优势

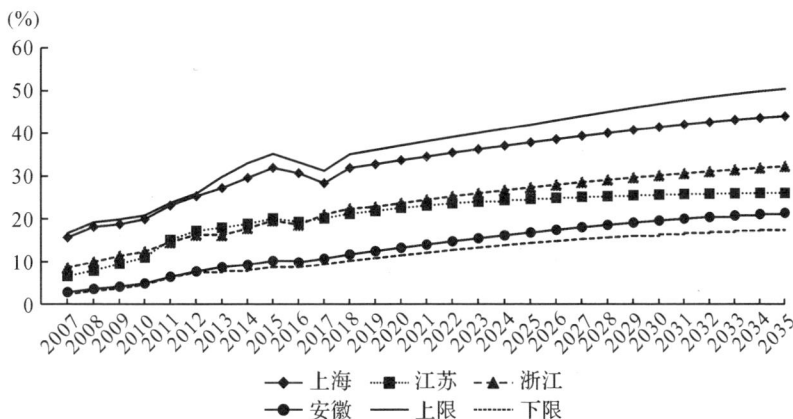

图 5-18　收入现代化动态比较优势

5.4.3　卫生现代化比较优势

（1）卫生和健康现代化的理论内涵和评价标准

卫生和健康现代化的理论内涵是随着时代的发展不断变化，现阶段我国的卫生和健康现代化表现为：在工业化向信息化转变的过程中，建立与信息化社会相匹配的达到世界先进水平的健康服务体系，以满足人民不断提升的健康需求，改善生态环境，提高健康治理效率，努力建设一个人民健康长寿的社会，一个人人享有健康服务的社会，一个家家拥有健康保险的社会。其评价标准包含 3 个层面：一是有利于国民健康和长寿水平的提高，二是有利于健康服务质量和可及性的提高，三是有利于健康产业科技水平和竞争力的提高。

根据卫生和健康现代化的理论内涵和《健康浙江 2030 行动纲要》，在充分考虑数据的可获得性以及区域和国家间指标的可比性后，分别从健康水平（包括人口平均预期寿命、5 岁以下儿童死亡率、孕产妇死亡率 3 项指标）、健康服务（包括医院密度、医院床位、每千人执业医生数、每千人注册护士数 4 项指标）、健康环境（包括 PM 2.5 年均浓度 1 项指标）和健康产业（包括健康产业占 GDP 比重 1 项指标）4 个维度，全面评估长三角一体化区域卫生和健康现代化建设比较优势。

（2）卫生现代化比较优势

在卫生现代化静态比较优势方面，如图 5-19 所示，浙江、江苏、安徽卫生现代化水平在"三省一市"中处于领先位置，上海在卫生现代化方面进程略微滞后。从进程水平看，卫生现代化进程指标显示，相较于其他地区，浙江、江苏的卫生比较优势随着时间的推移与安徽、上海两省差距逐步增大，并保持稳定领先优势，浙江、江苏在卫生现代化方面具备较为稳健的静态比较优势。

在卫生现代化动态比较优势方面，如图 5-20 所示，浙江、江苏卫生现代化水平在"三省一市"中处于领先位置，具备较为显著的动态比较优势，上海与安徽在卫生现代化方面进程略微滞后。从追赶指数看，卫生现代化追赶指数显示浙江卫生比较优势相较于安徽趋向扩大，相较于江苏保持稳定的领先优势，浙江具有较为显著的卫生现代化动态比较优势。 与此同时，江苏卫生现代化比较优势与浙江趋向收敛，体现了江苏具有一定的卫生现代化动态比较优势。

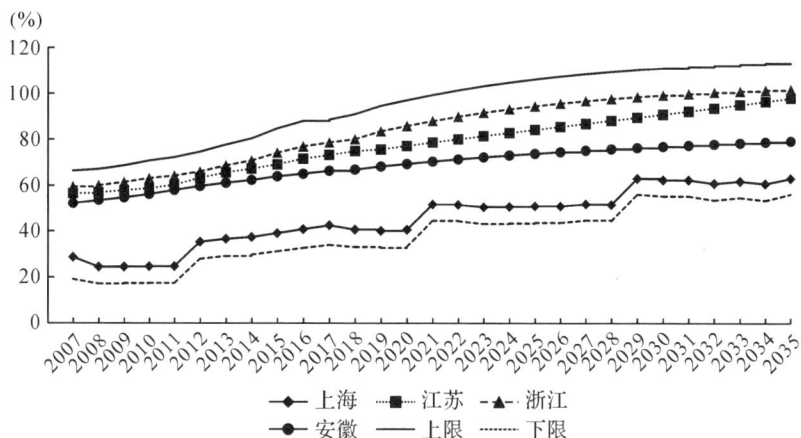

图 5-19　卫生现代化静态比较优势

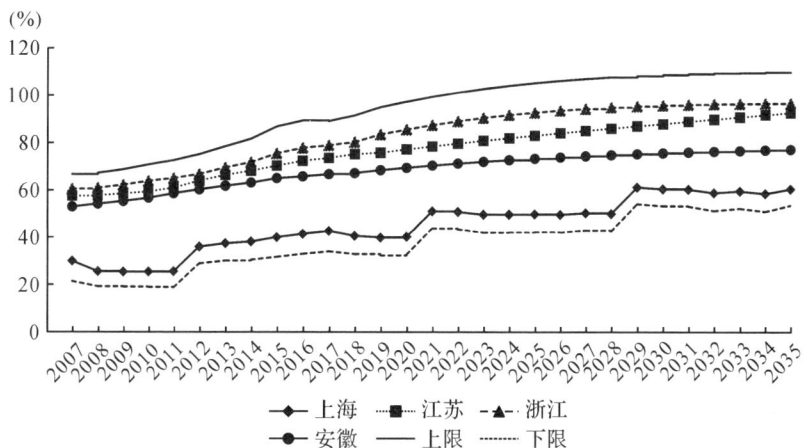

图 5-20　卫生现代化动态比较优势

6

长三角一体化下浙江基本实现高水平现代化建设评估

为客观评估长三角一体化区域现代化背景下浙江现代化的进程和水平，兼顾 2008 年全球金融危机的普遍影响，本书以 2007 年作为评估时间起点，对标美国、英国、日本、德国、韩国、新加坡 6 个现代化先行国家，分别依据 11 个领域、33 项可量化的指标，测算浙江与上海、江苏、安徽现代化单项进程指数、追赶指数，并进行综合测算；统筹考虑 6 个现代化先行国家等情况，静态评估浙江与上海、江苏、安徽政府治理现代化的进程和水平。

总体判断：一是静态进程分析显示，浙江、上海最早分别于 2033 年和 2035 年基本实现高水平现代化，江苏于 2035 年基本实现高水平现代化，安徽基本实现高水平现代化任务艰巨；二是动态追赶评估显示，浙江、上海最早分别于 2030 年与 2033 年基本实现高水平现代化，江苏于 2035 年基本实现高水平现代化，安徽基本实现高水平现代化任务艰巨。

6.1 浙江省现代化建设综合评估

6.1.1 浙江省现代化建设静态评估

（1）综合评估：浙江省基本实现高水平现代化

以 6 个现代化先行国家固定对标年份的指标实际值作为静态进程目标，分析浙江的现代化进程指数。由图 6-1，表 6-1、6-2 可以看出，浙江现代化进程综合指数由 2007 年的 34.79%—44.15%上升到 2035 年的 85.08%—105.91%，呈线性平稳增长趋势。按上限值预测，浙江最早于 2033 年（100.92%＞100%）基本实现高水平现代化。

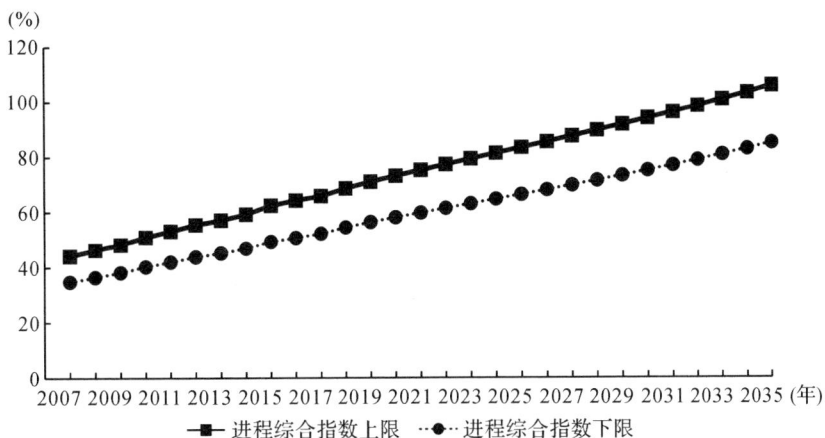

图 6-1 浙江省现代化进程综合指数情况（对标 6 个现代化先行国家）

表 6-1 浙江省现代化进程综合指数下限

年份	产业	科技	城市	开放	消费	生态	文化	收入	教育	卫生	加权下限
2007	33.40	41.33	39.26	60.32	17.02	41.36	46.71	6.92	36.84	52.57	34.79
2008	33.89	44.37	43.62	59.51	20.16	42.67	50.65	7.96	37.96	53.02	36.46
2009	34.59	50.47	47.21	51.18	22.37	44.69	53.75	8.95	40.26	54.24	38.20
2010	35.93	52.89	49.67	56.24	24.29	46.25	57.63	10.07	42.11	55.54	40.29
2011	37.05	55.96	52.52	54.82	26.62	47.33	60.92	11.87	43.63	56.25	42.00
2012	38.05	60.23	55.59	51.41	28.28	49.61	63.79	13.35	45.74	57.50	43.83
2013	39.70	63.68	57.84	51.15	28.84	51.89	64.82	12.95	46.75	59.65	45.21
2014	40.98	66.84	59.65	51.01	30.50	54.24	67.36	14.23	48.11	61.24	46.92
2015	42.85	68.59	61.99	58.42	32.39	56.14	69.66	15.65	50.96	63.65	49.33
2016	45.03	70.27	63.13	59.43	33.40	59.21	71.84	16.11	51.40	65.93	50.75
2017	47.10	74.48	65.30	53.45	33.89	60.58	74.60	17.85	52.21	68.71	52.27

续　表

年份	产业	科技	城市	开放	消费	生态	文化	收入	教育	卫生	加权下限
2018	49.34	75.51	65.86	63.75	36.50	62.17	76.32	19.73	53.93	69.32	54.49
2019	51.22	77.86	67.22	66.74	37.82	64.33	78.11	21.23	55.40	72.51	56.42
2020	53.13	80.04	68.51	68.36	39.12	66.20	79.84	22.83	56.70	74.66	58.13
2021	55.06	82.12	69.73	69.92	40.43	67.91	81.51	24.52	57.98	76.65	59.80
2022	57.02	84.15	70.90	71.43	41.75	69.46	83.13	26.31	59.24	78.46	61.45
2023	59.00	86.25	72.01	72.91	43.12	70.85	84.72	28.22	60.48	80.08	63.10
2024	61.01	88.3	73.07	74.37	44.52	72.13	86.28	30.25	61.72	81.53	64.75
2025	63.04	90.45	74.09	75.83	45.99	73.30	87.82	32.42	62.93	82.83	66.41
2026	65.11	92.6	75.07	77.30	47.53	74.42	89.35	34.73	64.14	83.98	68.09
2027	67.21	94.77	76.01	78.79	49.16	75.49	90.86	37.20	65.34	85.00	69.79
2028	69.34	96.98	76.91	80.30	50.89	76.53	92.36	39.84	66.52	85.92	71.52
2029	71.52	99.21	77.79	81.85	52.72	77.56	93.85	42.68	67.71	86.73	73.30
2030	73.75	101.49	78.63	83.44	54.68	78.59	95.34	45.72	68.89	87.46	75.12
2031	76.02	103.75	79.44	85.08	56.78	79.62	96.83	48.98	70.06	88.11	76.98
2032	78.35	106	80.23	86.77	59.02	80.66	98.31	52.49	71.25	88.68	78.90
2033	80.73	108.34	80.98	88.52	61.43	81.71	99.79	56.26	72.43	89.20	80.89
2034	83.17	110.66	81.72	90.32	64.01	82.77	101.27	60.31	73.63	89.65	82.94
2035	85.68	113.07	82.44	92.18	66.79	83.85	102.74	64.69	74.83	90.06	85.08

表 6-2　浙江省现代化进程综合指数上限

年份	产业	科技	城市	开放	消费	生态	文化	收入	教育	卫生	加权上限
2007	58.37	43.22	59.91	60.32	33.82	75.88	40.45	9.25	33.43	66.42	44.15
2008	59.46	47.44	65.11	59.51	37.87	78.21	44.79	10.57	34.65	67.09	46.38
2009	60.64	51.65	69.32	51.18	41.07	81.70	48.20	11.81	37.57	68.67	48.29
2010	62.40	54.76	72.46	56.24	44.45	84.48	52.71	13.27	40.13	70.77	51.03
2011	63.82	58.1	75.60	54.82	47.74	86.34	56.60	15.54	42.07	72.28	53.18
2012	64.70	62.03	78.88	51.41	51.28	90.00	60.25	17.45	45.16	74.63	55.50

年份	产业	科技	城市	开放	消费	生态	文化	收入	教育	卫生	加权上限
2013	66.15	65.09	81.43	51.15	53.64	93.16	61.75	16.64	46.76	77.74	57.12
2014	68.09	68.4	83.35	51.01	56.69	96.54	64.48	18.28	48.24	80.44	59.28
2015	69.33	71.39	85.90	58.42	61.20	99.18	67.83	20.07	52.45	84.74	62.47
2016	71.46	73.93	87.22	59.43	63.70	103.48	70.72	20.81	52.54	88.01	64.30
2017	74.22	77.43	89.41	53.45	62.41	105.74	73.72	23.28	54.21	88.64	65.88
2018	76.00	78.86	90.20	63.75	67.34	107.11	76.24	25.67	57.13	90.94	68.67
2019	78.01	81.51	91.86	66.74	69.45	109.71	78.52	27.68	59.55	94.62	71.04
2020	80.02	84.02	93.30	68.36	71.40	112.11	80.73	29.81	61.71	97.08	73.17
2021	82.05	86.42	94.54	69.92	73.21	114.38	82.89	32.08	63.85	99.34	75.24
2022	84.08	88.78	95.69	71.43	74.90	116.55	85.00	34.50	65.95	101.37	77.28
2023	86.11	91.24	96.87	72.91	76.50	118.63	87.09	37.09	68.00	103.18	79.33
2024	88.15	93.65	97.94	74.37	78.04	120.63	89.15	39.86	69.98	104.77	81.35
2025	90.20	96.22	99.11	75.83	79.53	122.59	91.20	42.82	71.89	106.19	83.41
2026	92.26	98.77	100.20	77.30	81.00	124.52	93.24	45.99	73.73	107.43	85.46
2027	94.33	101.38	101.26	78.79	82.47	126.45	95.28	49.39	75.50	108.53	87.55
2028	96.42	104.03	102.31	80.30	83.96	128.37	97.31	53.04	77.19	109.49	89.66
2029	98.54	106.73	103.33	81.85	85.49	130.32	99.35	56.97	78.81	110.34	91.81
2030	100.68	109.48	104.34	83.44	87.08	132.28	101.40	61.19	80.37	111.09	94.01
2031	102.86	112.23	105.26	85.08	88.74	134.26	103.46	65.73	81.86	111.75	96.25
2032	105.07	114.97	106.09	86.77	90.49	136.28	105.52	70.63	83.30	112.33	98.54
2033	107.32	117.81	106.97	88.52	92.33	138.33	107.60	75.91	84.69	112.85	100.92
2034	109.62	120.64	107.76	90.32	94.29	140.40	109.69	81.60	86.04	113.30	103.36
2035	111.96	123.59	108.61	92.18	96.38	142.52	111.80	87.75	87.36	113.70	105.91

（2）单项分析：进程指数"四高六低"

单项进程指数以 6 个现代化先行国家 100％为对标水平，其结果如图 6-2 所示。

　　"四高"领域：2035 年，科技、生态、文化、卫生等 4 个领域的现代化进程指数相对较高（＞100％），分别为现代化先行国家对标水平的 118.33％、113.19％、107.27％、101.88 ％。 也就是说，从静态评估来看，浙江省科技、生态、文化、卫生 4 个领域的现代化水平将处于国际领先位置。

　　"六低"领域：2035 年，产业、城市、开放、消费、教育与收入等 6 个领域的现代化进程指数相对较低（＜100％），分别达到现代化先行国家对标水平的 98.82％、95.53％、92.18％、81.59％、81.10％与 76.22％。

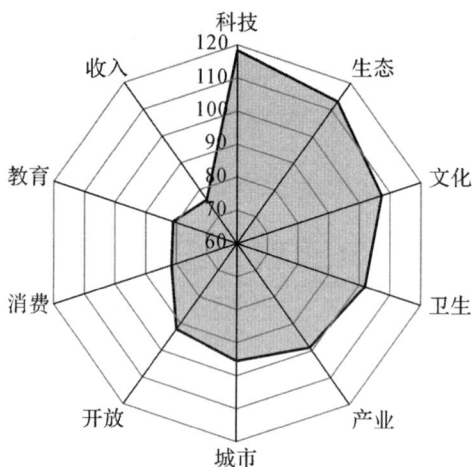

图 6-2　浙江省现代化进程单项指数情况（对标 6 个现代化先行国家）

6.1.2　浙江省现代化建设动态评估

（1）综合评估：基本实现高水平现代化

以 6 个现代化先行国家的平均水平预测值作为动态追赶目标，面向未来，动态比较浙江的现代化建设的优势与短板。 由图 6-3 可以看出，浙江对标 6 个现代化先行国家历年的追赶指数由 2007 年的 38.40％—44.53％上升为 2035 年的 71.41％—89.43％，呈线性增长趋势。 按上限值预测，浙江省最早于 2030 年（81.20％＞6 个国家的平均水平 80.42％）将达到 6 个现代化先行国家的平均水平，浙江在 2035 年将基本实现高水平现代化。

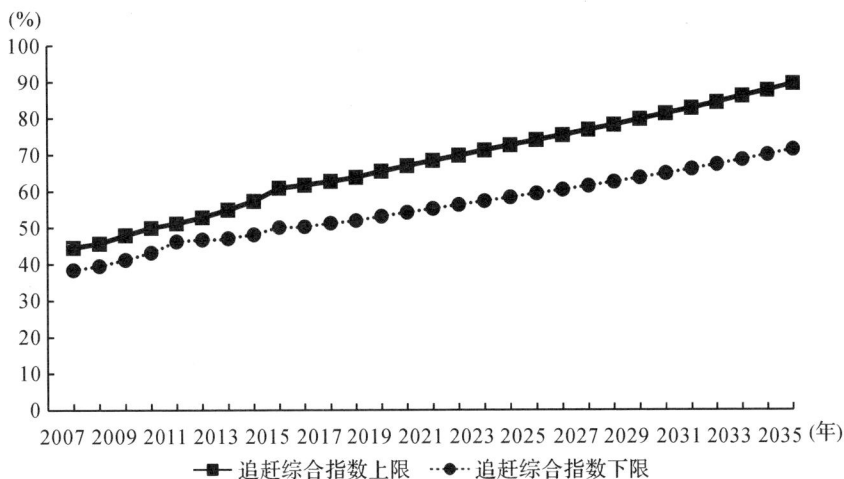

图 6-3　浙江省现代化追赶综合指数情况(对标 6 个现代化先行国家)

表 6-3　浙江省现代化追赶综合指数下限(%)

年份	产业	科技	城市	开放	消费	生态	文化	收入	教育	卫生	加权下限
2007	35.50	45.25	39.49	64.63	17.54	48.91	64.5	7.19	40.91	54.39	38.40
2008	35.42	48.27	41.85	58.30	21.01	49.45	69.6	8.59	41.66	54.72	39.49
2009	34.81	51.34	44.14	52.69	23.05	51.42	82.13	10.14	43.16	55.73	41.18
2010	35.92	54.76	49.69	56.09	24.93	53.48	81.21	11.61	44.12	56.96	43.15
2011	37.41	57.80	53.17	53.79	27.22	52.88	106.15	14.13	45.93	57.52	46.20
2012	37.70	60.26	54.52	51.12	28.68	54.33	95.99	15.84	47.79	58.40	46.71
2013	39.27	64.34	55.70	53.78	27.64	55.97	84.76	14.42	47.55	60.55	47.07
2014	40.45	66.56	56.87	58.88	29.18	57.84	77.82	15.35	47.78	61.94	48.10
2015	41.39	67.76	56.71	73.32	30.69	60.66	69.35	16.82	51.25	64.16	50.09
2016	42.87	68.00	55.52	71.67	31.35	61.3	66.85	16.50	51.98	66.29	50.28
2017	44.33	71.02	57.90	65.84	33.89	60.57	65.86	18.30	52.42	68.72	51.26
2018	46.33	70.09	57.79	65.11	35.93	63.36	64.35	19.39	53.46	69.07	51.95
2019	47.68	71.41	58.62	67.06	37.22	64.67	63.25	20.70	54.31	71.96	53.16
2020	49.03	72.53	59.40	68.12	38.50	65.67	62.47	22.14	55.16	73.80	54.22
2021	50.39	73.51	60.13	69.13	39.80	66.5	61.91	23.59	55.93	75.46	55.24
2022	51.76	74.43	60.83	70.12	41.13	67.14	61.52	25.25	56.89	76.93	56.30

续　表

年份	产业	科技	城市	开放	消费	生态	文化	收入	教育	卫生	加权下限
2023	53.15	75.39	61.50	71.09	42.49	67.61	61.23	26.91	57.67	78.19	57.32
2024	54.54	76.27	62.14	72.06	43.91	67.95	61.04	28.72	58.46	79.26	58.34
2025	55.95	77.26	62.75	73.06	45.38	68.18	60.92	30.65	59.22	80.17	59.38
2026	57.37	78.20	63.33	74.09	46.93	68.32	60.86	32.60	59.90	80.92	60.40
2027	58.82	79.15	63.89	75.16	48.57	68.41	60.84	34.78	60.62	81.54	61.47
2028	60.29	80.10	64.43	76.29	50.31	68.46	60.88	37.01	61.27	82.05	62.54
2029	61.80	81.07	65.12	77.48	52.15	68.48	60.95	39.49	61.95	82.45	63.68
2030	63.33	82.04	65.79	78.73	54.12	68.48	61.05	42.14	62.62	82.77	64.85
2031	64.90	82.97	66.43	80.07	56.23	68.47	61.19	44.98	63.28	83.01	66.06
2032	66.51	83.86	67.05	81.48	58.48	68.46	61.35	48.03	63.94	83.18	67.31
2033	68.17	84.81	67.66	82.98	60.89	68.43	61.53	51.29	64.58	83.30	68.61
2034	69.87	85.71	68.24	84.57	63.48	68.41	61.74	54.80	65.22	83.36	69.98
2035	71.63	86.68	68.81	86.25	66.26	68.39	61.98	58.55	65.85	83.38	71.41

表 6-4　浙江省现代化追赶综合指数上限（%）

年份	产业	科技	城市	开放	消费	生态	文化	收入	教育	卫生	加权上限
2007	46.44	49.95	60.46	64.63	32.73	79.52	41.08	9.91	36.69	66.69	44.53
2008	46.24	51.43	64.94	58.30	36.89	80.3	45.46	11.27	38.24	67.18	45.67
2009	46.13	58.28	69.10	52.69	41.02	82.44	49.59	12.55	40.59	68.69	47.90
2010	48.18	60.41	72.46	56.09	44.45	84.5	52.58	13.13	41.99	70.77	49.98
2011	48.29	60.96	75.74	53.79	48.82	84.39	56.11	14.97	43.06	72.61	51.21
2012	49.27	63.56	78.12	51.12	51.69	85.54	57.47	16.74	45.53	75.11	52.87
2013	51.16	65.05	81.35	53.78	55.28	87.45	59.61	17.96	47.22	78.48	54.94
2014	53.14	68.25	81.93	58.88	58.66	89.32	60.75	20.27	49.05	81.65	57.37
2015	56.27	69.76	84.04	73.32	63.30	90.3	63.03	22.39	52.49	86.81	60.89
2016	58.93	70.62	84.47	71.67	64.77	92.2	65.72	20.74	53.06	89.34	61.72

年份	产业	科技	城市	开放	消费	生态	文化	收入	教育	卫生	加权上限
2017	59.64	74.48	85.62	65.84	64.24	91.94	68.7	23.70	53.84	89.08	62.75
2018	60.44	73.76	85.67	65.11	69.18	91.86	70.4	25.43	55.49	91.49	63.81
2019	62.02	75.15	86.72	67.06	71.47	92.53	71.95	27.26	56.92	95.02	65.46
2020	63.59	76.38	87.52	68.12	73.56	93	73.4	29.23	58.33	97.33	66.93
2021	65.15	77.50	88.15	69.13	75.48	93.36	74.75	31.33	59.97	99.40	68.37
2022	66.69	78.56	88.67	70.12	77.25	93.62	76.03	33.58	61.50	101.22	69.76
2023	68.23	79.65	89.23	71.09	78.88	93.78	77.25	36.00	63.42	102.79	71.21
2024	69.75	80.67	89.68	72.06	80.41	93.87	78.41	38.60	65.22	104.15	72.61
2025	71.27	81.76	90.22	73.06	81.85	93.91	79.52	41.40	66.65	105.30	73.98
2026	72.80	82.80	90.69	74.09	83.23	93.92	80.59	44.52	67.64	106.28	75.31
2027	74.32	83.83	91.14	75.16	84.57	93.9	81.63	47.88	69.34	107.10	76.76
2028	75.86	84.84	91.57	76.29	85.89	93.86	82.63	51.51	70.44	107.78	78.15
2029	77.41	85.85	91.98	77.48	87.19	93.83	83.61	55.47	72.13	108.35	79.68
2030	78.98	86.83	92.37	78.73	88.51	93.78	84.57	59.73	73.50	108.81	81.20
2031	80.57	87.77	92.69	80.07	89.86	93.74	85.5	64.34	74.41	109.19	82.69
2032	82.19	88.63	92.93	81.48	91.24	93.69	86.42	69.31	75.73	109.48	84.29
2033	83.85	89.54	93.22	82.98	92.67	93.65	87.32	74.68	77.17	109.71	85.98
2034	85.54	90.37	93.42	84.57	94.16	93.6	88.21	80.48	77.84	109.88	87.62
2035	87.27	91.25	93.68	86.25	95.73	93.56	89.08	86.73	78.99	110.00	89.43

（2）单项分析：追赶指数"六高四低"

单项追赶指数以6个现代化先行国家2035年的平均水平（80.42％）为对标水平，其结果如图6-4所示。

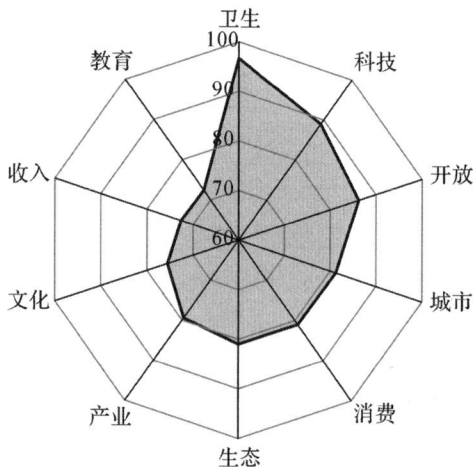

图 6-4　浙江省现代化追赶的单项指数情况(对标 6 个现代化先行国家)

"六高"领域:2035 年浙江省卫生、科技、开放、城市、消费、生态等 6 个领域现代化追赶指数均达到 6 个对标国家 2035 年的平均水平(80.42％),依次为 96.69％、88.97％、86.25％、81.24％、81.00％、80.98％。 也就是说到 2035 年,浙江省在卫生、科技、开放、城市、消费、生态各个领域的现代化水平将处于国际领先位置。

"四低"领域:产业、文化、收入、教育等 4 个领域现代化追赶指数均低于 6 个对标国家 2035 年的平均水平(80.42％),依次为 79.45％、75.53％、72.64％、72.42％,这 4 个领域是浙江现代化建设的既有短板。

(3)对标现代化先行国家浙江既有的短板分析

综合比较研究发现:卫生、科技、开放、城市、消费、生态现代化是浙江现代化建设相对优势领域,产业、文化、收入、教育现代化是浙江现代化建设的既有短板,收入与教育现代化是浙江现代化建设中需要加快追赶的领域。

6.2 上海市现代化建设综合评估

6.2.1 上海市现代化建设静态评估

（1）综合评估：上海市基本实现高水平现代化

以 6 个现代化先行国家固定对标年份的指标实际值作为静态进程目标，分析上海的现代化进程指数。由图 6-5 可以看出，上海现代化进程综合指数由 2007 年的 35.24%—40.56% 上升到 2035 年的 93.43%—101.61%，呈线性平稳增长趋势。按上限值预测，上海最早于 2035 年（101.61%＞100%）基本实现高水平现代化。

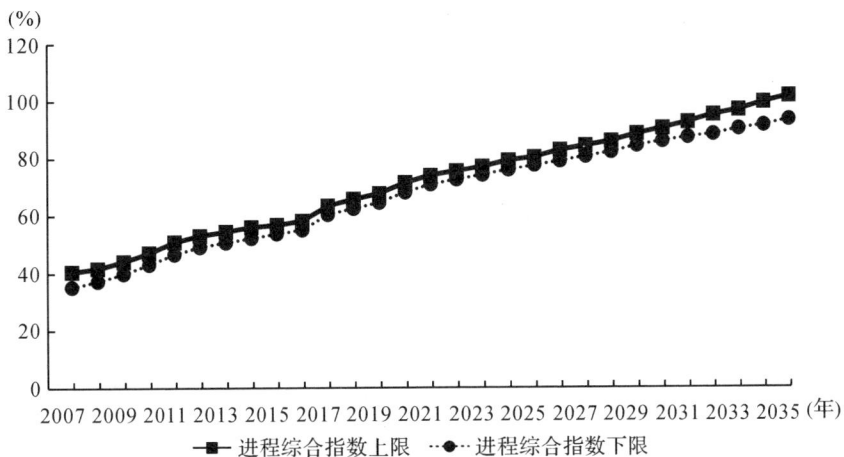

图 6-5　上海市现代化进程综合指数情况（对标 6 个现代化先行国家）①

---

① 或许因为以省（市）域与现代化先行国家对标所致，或许因为时间序列对指标选取的约束，亦或是因为指标设计时侧重刻画浙江省，上海市的预测值略低于浙江省，但这并不影响结果分析，作者认为更应关注上海市进程综合指数上限与下限拟合度，追赶综合指数亦如是。如图 6-5 和图 6-7 所示。

表 6-5　上海市现代化进程综合指数下限（％）

年份	产业	科技	城市	开放	消费	生态	文化	收入	教育	卫生	加权下限
2007	34.09	41.34	39.27	53.75	24.67	20.81	40.50	14.03	57.02	19.13	35.24
2008	32.94	46.15	45.12	54.82	28.77	22.33	42.85	16.46	58.56	17.13	37.29
2009	39.46	54.78	47.73	55.91	30.88	25.69	42.01	17.30	55.82	17.35	39.88
2010	43.56	54.98	51.38	57.02	36.88	27.72	47.33	19.17	62.96	17.42	43.10
2011	44.60	60.80	58.34	58.16	42.03	29.19	49.61	22.51	68.61	17.43	46.64
2012	41.96	64.88	61.30	59.31	44.15	30.64	50.25	25.14	73.37	27.94	49.17
2013	40.12	67.34	66.07	60.49	47.09	33.07	50.60	27.55	74.68	29.17	50.71
2014	37.53	66.35	69.48	61.70	50.91	35.22	53.17	30.27	79.32	29.79	52.21
2015	34.10	66.32	70.88	62.93	53.73	37.11	55.26	32.30	86.05	31.23	53.73
2016	32.74	69.36	72.92	64.18	57.07	39.60	56.50	33.33	87.03	32.67	55.08
2017	52.06	79.00	79.69	65.45	61.42	41.47	58.50	31.38	87.62	34.01	60.42
2018	51.33	79.62	79.81	65.47	64.58	44.66	60.05	36.37	93.39	33.09	62.51
2019	52.66	82.74	81.47	69.50	67.73	43.66	61.58	38.35	96.61	32.70	64.58
2020	63.97	85.81	83.03	71.14	70.75	45.76	62.82	40.33	99.40	33.28	68.14
2021	65.26	88.86	84.36	72.67	73.63	48.62	64.07	42.32	102.32	44.53	70.88
2022	66.54	91.90	85.47	73.26	76.36	49.72	65.08	44.31	104.43	44.38	72.58
2023	67.81	94.93	86.42	76.46	78.95	48.25	66.06	46.29	106.48	43.16	74.18
2024	69.06	97.98	87.23	78.14	81.39	50.38	66.93	48.29	108.19	43.39	75.95
2025	70.30	101.04	87.92	78.83	83.69	52.55	67.68	50.28	109.48	43.68	77.56
2026	71.52	104.14	88.51	79.99	85.85	53.61	68.43	52.27	110.79	43.69	79.09
2027	72.74	107.28	89.02	81.02	87.88	55.34	69.12	54.27	111.89	44.71	80.69
2028	73.95	110.49	89.46	83.98	89.77	55.70	69.81	56.27	113.03	44.45	82.24
2029	75.14	113.75	89.86	84.29	91.54	58.38	70.43	58.27	113.90	56.16	84.44
2030	76.33	117.10	90.20	86.71	93.19	59.64	71.12	60.27	115.03	55.42	85.99
2031	77.51	120.54	90.51	88.44	94.73	59.16	71.71	62.28	115.79	55.39	87.34
2032	78.69	124.07	90.79	88.19	96.15	58.06	72.23	64.28	116.28	53.65	88.37
2033	79.86	127.72	91.05	91.68	97.48	61.79	72.86	66.29	117.18	54.76	90.25

续　表

年份	产业	科技	城市	开放	消费	生态	文化	收入	教育	卫生	加权下限
2034	81.02	131.49	91.28	92.97	98.70	60.21	73.50	68.30	118.13	53.53	91.49
2035	82.19	135.40	91.49	94.03	99.84	65.86	74.11	70.32	118.93	56.28	93.43

表 6-6　上海现代化进程综合指数上限(%)

年份	产业	科技	城市	开放	消费	生态	文化	收入	教育	卫生	加权上限
2007	45.54	36.99	47.44	65.20	30.52	35.08	59.24	11.57	54.10	38.35	40.56
2008	40.89	41.33	53.37	67.87	35.82	37.44	59.49	13.63	55.18	31.76	41.75
2009	45.32	47.40	56.00	72.46	38.17	43.70	60.85	14.29	52.36	31.63	44.18
2010	49.93	48.42	59.85	68.48	46.58	47.07	65.12	15.83	57.47	31.92	47.11
2011	50.42	54.71	66.66	74.85	52.03	49.88	67.88	18.64	62.10	32.07	50.92
2012	46.86	57.93	69.84	75.98	54.92	52.33	68.44	20.83	65.72	42.80	53.09
2013	43.66	60.79	74.46	74.83	59.75	55.88	68.84	22.83	67.46	44.14	54.54
2014	42.29	60.17	78.00	76.44	65.42	59.71	72.74	25.10	68.75	45.04	56.08
2015	38.26	60.71	79.58	76.77	64.96	62.38	74.07	26.72	72.32	46.98	56.82
2016	36.19	62.58	81.59	79.90	71.33	66.22	76.06	27.42	72.26	49.05	58.21
2017	56.15	70.08	88.14	81.56	75.18	69.03	77.98	25.44	73.14	51.03	63.44
2018	59.12	71.74	97.37	78.83	81.63	73.78	79.38	27.83	73.76	48.26	65.74
2019	60.30	74.52	98.09	90.14	84.19	72.48	80.41	29.50	75.07	47.56	67.73
2020	71.46	77.29	106.62	87.57	88.72	75.62	81.51	32.59	76.18	47.97	71.49
2021	72.60	80.05	104.26	94.18	92.25	79.17	82.34	34.20	77.72	58.83	74.05
2022	73.73	82.82	104.96	94.06	93.31	81.50	83.60	37.31	78.66	58.74	75.59
2023	74.84	85.63	104.48	97.48	96.55	80.98	83.96	39.99	79.78	57.91	77.11
2024	75.94	88.48	107.99	96.19	103.85	84.47	85.37	43.26	80.75	58.07	79.35
2025	77.02	91.40	108.14	94.84	102.94	87.97	85.75	45.06	81.42	58.27	80.45
2026	78.09	94.40	112.93	99.59	104.83	90.05	86.49	49.96	82.25	58.27	82.91
2027	79.15	97.50	109.31	102.74	110.38	92.03	87.66	51.00	82.96	58.96	84.40

年份	产业	科技	城市	开放	消费	生态	文化	收入	教育	卫生	加权上限
2028	80.19	100.70	107.36	103.80	111.23	93.29	88.71	55.79	83.80	58.77	86.02
2029	81.22	104.04	108.46	104.44	111.32	96.00	89.08	60.58	84.40	69.93	88.49
2030	82.25	107.52	108.97	109.43	112.48	99.21	89.56	63.93	85.35	69.42	90.50
2031	83.26	111.16	110.43	108.78	120.78	98.89	90.25	68.12	85.91	69.39	92.57
2032	84.26	114.98	117.76	114.55	120.67	99.49	91.05	73.84	86.20	68.19	95.12
2033	85.26	118.99	116.81	112.03	118.14	104.54	92.28	78.94	86.98	68.93	96.80
2034	86.24	123.22	116.56	118.63	126.93	103.83	92.42	84.53	87.82	68.09	99.52
2035	87.22	127.68	113.18	115.94	126.39	110.06	93.25	91.43	88.52	69.95	101.61

（2）单项分析：进程指数"五高五低"

单项进程指数以 6 个现代化先行国家的 100％为对标水平，其结果如图 6-6所示。

"五高"领域：2035 年，科技、消费、开放、教育、城市等 5 个领域的现代化进程指数相对较高（＞100％），分别为现代化先行国家对标水平的 131.54％、113.12％、104.99％、103.72％、102.34％。换言之，到 2035 年，上海市科技、消费、开放、教育、城市 5 个领域的现代化水平将处于国际领先位置。

"五低"领域：2035 年，生态、产业、文化、收入、卫生等 5 个领域的现代化进程指数相对较低（＜100％），分别为现代化先行国家对标水平的 87.96％、84.70％、83.68％、80.87％、63.12％。虽然生态、产生、文化、收入、卫生 5 个领域是上海市推进现代化进程中的短板，但在 2035 年这 5 个领域基本实现高水平现代化。至于卫生现代化进程指数仅为 63.12％，其原因如图 6-5 脚注（江苏省也如此，下文不再注释），此处分析的目的是以上海市对标 6 个现代化先行国家，发现上海的相对短板。

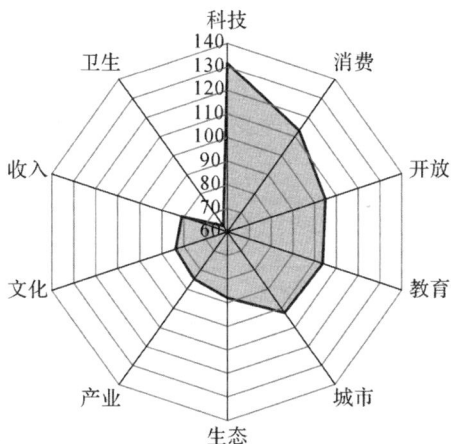

图 6-6　上海市现代化进程单项指数情况(对标 6 个现代化先行国家)

6.2.2　上海市现代化建设动态评估

（1）综合评估：基本实现高水平现代化

以 6 个现代化先行国家的平均水平预测值作为动态追赶目标，面向未来，动态比较上海现代化建设的优势与短板。由图 6-7 可以看出，上海对标 6 个现代化先行国家历年的追赶指数由 2007 年的 38.07%—41.73% 上升为 2035 年的 81.84%—84.11%，呈线性增长趋势。按上限值预测，上海市最早 2033 年（81.04% > 6 个国家的平均水平 80.42%）达到现代化指标，追赶任务艰巨。

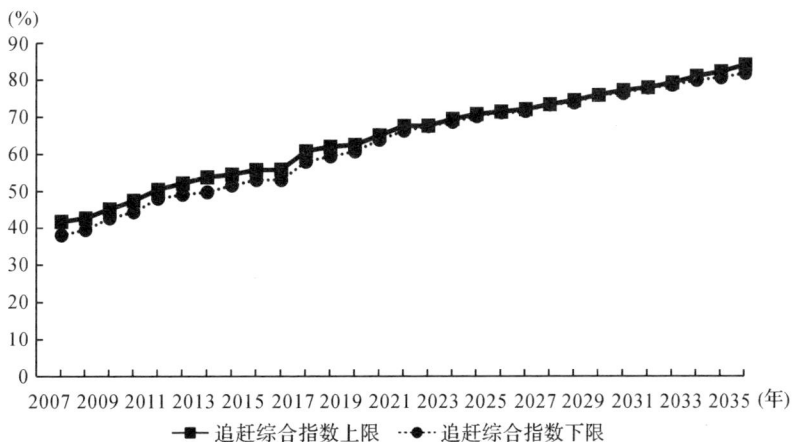

图 6-7　上海市现代化追赶综合指数情况(对标 6 个现代化先行国家)

表 6-7 上海市现代化追赶综合指数下限（％）

年份	产业	科技	城市	开放	消费	生态	文化	收入	教育	卫生	加权下限
2007	30.16	47.58	42.83	49.82	24.42	28.37	50.81	16.67	62.64	21.41	38.07
2008	27.05	51.46	48.17	52.27	28.77	29.14	48.22	19.20	64.83	19.21	39.51
2009	36.30	60.67	51.23	53.48	30.75	32.43	51.94	19.88	60.49	19.09	42.62
2010	37.69	60.05	51.39	53.69	35.95	35.02	53.67	20.83	65.41	18.92	44.28
2011	41.40	64.14	54.74	54.77	41.04	34.84	69.68	23.75	69.01	18.77	48.03
2012	38.92	66.65	56.00	57.44	42.37	35.48	54.85	25.91	72.95	28.92	49.08
2013	36.05	67.23	58.53	58.19	43.33	37.18	48.49	29.83	74.95	30.07	49.73
2014	34.02	66.47	60.89	58.41	46.97	38.84	53.22	33.02	81.03	30.47	51.56
2015	29.82	66.62	62.40	59.97	49.33	41.76	54.58	35.20	87.73	31.68	53.02
2016	27.90	69.20	62.98	60.89	52.09	41.66	51.40	33.22	87.82	32.96	53.02
2017	48.56	79.00	67.20	63.09	61.42	41.46	50.20	31.22	84.98	34.01	57.94
2018	50.57	76.63	63.90	62.66	64.17	45.81	52.47	33.77	90.22	32.89	59.36
2019	51.16	78.89	64.80	66.57	67.28	43.98	54.90	34.24	92.19	32.30	60.69
2020	61.69	81.11	65.55	67.22	70.27	45.19	57.05	36.92	94.00	32.69	63.82
2021	62.18	83.29	66.16	69.95	73.12	47.12	58.94	39.27	96.27	43.75	66.26
2022	62.61	85.43	66.66	70.57	75.84	47.26	60.51	41.15	97.71	43.43	67.49
2023	63.00	87.54	67.06	72.85	78.41	44.99	61.77	43.08	99.59	42.04	68.64
2024	63.35	89.62	67.37	75.57	80.84	46.04	62.78	45.74	101.10	42.11	70.15
2025	76.66	79.70	78.97	77.60	69.76	59.47	81.69	52.98	76.42	57.38	71.21
2026	77.62	81.40	78.80	79.19	71.06	59.68	82.25	50.69	76.76	57.24	71.55
2027	78.56	83.10	78.60	81.07	72.25	59.95	83.33	57.31	77.04	57.69	73.29
2028	79.46	84.82	78.37	83.02	73.34	59.54	84.16	56.43	77.42	57.40	73.81
2029	80.33	86.57	78.13	83.69	74.32	60.34	84.43	61.78	77.61	68.21	75.86
2030	81.17	88.33	77.88	85.10	75.21	61.13	84.40	60.99	78.17	67.64	76.37
2031	81.98	90.14	77.61	88.86	76.01	59.62	84.49	66.56	78.34	67.48	77.82
2032	64.63	105.90	68.68	85.75	95.59	45.83	66.22	61.55	106.76	51.30	78.59
2033	64.61	107.93	68.78	90.34	96.92	48.06	66.44	63.31	107.74	52.29	79.95

年份	产业	科技	城市	开放	消费	生态	文化	收入	教育	卫生	加权下限
2034	64.56	109.97	68.87	90.39	98.15	45.78	66.64	66.56	108.15	50.96	80.66
2035	64.46	112.02	68.94	91.36	99.28	49.89	66.84	67.66	108.87	53.59	81.84

表 6-8　上海市现代化追赶综合指数上限(%)

年份	产业	科技	城市	开放	消费	生态	文化	收入	教育	卫生	加权上限
2007	41.41	38.23	47.73	51.32	25.28	38.30	62.11	22.49	59.93	38.50	41.73
2008	38.04	41.77	53.25	53.52	29.23	39.30	61.83	24.89	60.37	31.85	42.65
2009	46.19	46.68	56.55	55.91	31.86	44.34	63.25	25.67	56.41	31.66	45.14
2010	49.93	48.42	59.86	55.51	36.50	47.09	65.12	25.99	60.19	31.92	47.43
2011	47.82	55.01	65.98	57.60	41.27	47.90	67.93	28.87	65.36	32.35	50.47
2012	46.00	57.38	67.58	56.90	42.33	47.82	67.00	31.25	68.73	43.45	52.14
2013	42.18	61.61	71.61	59.22	45.29	50.22	68.61	35.32	68.32	44.68	53.76
2014	40.37	60.28	73.11	61.94	47.60	52.40	71.77	38.04	68.11	45.87	54.53
2015	38.15	59.91	73.37	63.60	49.06	53.32	73.14	40.78	72.55	48.35	55.75
2016	37.25	60.29	74.08	63.36	50.72	54.71	75.08	38.59	72.97	49.85	55.86
2017	57.75	67.95	77.99	66.38	55.28	55.03	77.36	36.98	72.10	51.33	60.77
2018	58.94	67.16	77.76	65.86	57.17	58.61	77.67	43.46	72.34	48.34	62.00
2019	60.15	69.09	78.27	69.71	59.36	55.72	78.61	41.06	72.98	47.49	62.47
2020	71.31	70.96	78.71	71.58	61.42	56.85	79.47	41.69	73.46	47.76	65.05
2021	72.45	72.77	78.98	72.30	63.35	58.37	79.44	48.39	74.33	58.42	67.57
2022	73.55	74.54	79.12	72.81	65.14	58.75	80.93	43.39	75.08	58.20	67.64
2023	74.62	76.28	79.15	75.53	66.80	56.97	80.63	51.14	75.70	57.32	69.43
2024	75.65	77.99	79.09	76.86	68.34	58.22	81.90	54.37	76.20	57.34	70.76
2025	63.65	91.68	67.62	77.20	83.14	47.10	63.57	48.10	101.89	42.25	71.40
2026	63.92	93.73	67.82	76.51	85.29	47.16	64.20	48.86	102.35	42.11	72.08
2027	64.13	95.77	67.97	77.98	87.32	47.99	64.69	51.58	103.42	42.98	73.38
2028	64.31	97.80	68.08	80.44	89.21	47.41	65.10	54.18	104.04	42.58	74.47
2029	64.45	99.83	68.27	80.77	90.98	49.18	65.44	54.14	105.02	54.16	75.94

续　表

年份	产业	科技	城市	开放	消费	生态	文化	收入	教育	卫生	加权上限
2030	64.55	101.85	68.43	83.58	92.63	49.09	65.73	57.55	106.04	53.29	77.20
2031	64.61	103.87	68.56	85.78	94.17	47.99	65.99	59.18	106.32	53.15	78.00
2032	82.75	91.98	77.35	88.49	76.73	58.56	85.22	74.66	78.23	66.39	79.32
2033	83.49	93.87	77.09	90.45	77.37	60.71	85.91	80.56	78.64	66.83	81.04
2034	84.20	95.81	76.82	92.71	77.94	58.80	86.35	85.63	79.13	66.05	82.30
2035	84.87	97.80	76.56	93.88	78.44	61.79	86.26	92.14	79.48	67.32	84.11

（2）单项分析：追赶指数"四高六低"

单项追赶指数以 6 个现代化先行国家 2035 年的平均水平（80.42％）为对标水平，其结果如图 6-8 所示。

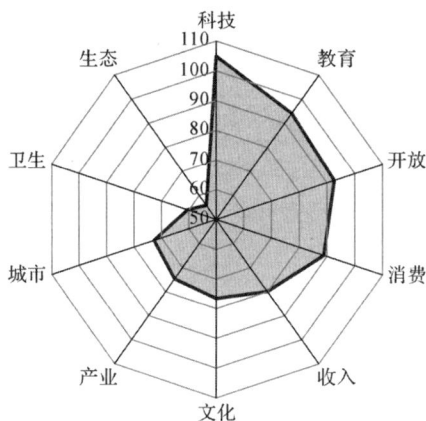

图 6-8　上海市现代化追赶的单项指数情况（对标 6 个现代化先行国家）

"四高"领域：2035 年上海市科技、教育、开放、消费现代化追赶指数均超过 6 个对标国家 2035 年的平均水平（80.42％），依次为 104.91％、94.18％、92.62％、88.86％。 由此可见，到 2035 年上海市的科技、教育、开放、消费现代化水平将处于国际领先位置。

"六低"领域：收入、文化、产业、城市、卫生、生态现代化追赶指数均低于 6 个对标国 2035 年的平均水平，依次为 79.90％、76.55％、74.67％、72.75％、60.45％、55.84％。 这 6 个领域是上海现代化建设的既有短板。

（其分析参见上文进程指数）

（3）对标现代化先行国家上海既有的短板分析

综合比较研究发现：科技、教育、开放、消费现代化是上海现代化建设相对优势领域，收入、文化、产业、城市、卫生、生态现代化是上海现代化建设的既有短板，卫生与生态现代化是上海现代化建设中需要加快追赶的领域。

6.3 江苏省现代化建设综合评估

6.3.1 江苏省现代化建设静态评估

（1）综合评估：江苏基本实现高水平现代化

以 6 个现代化先行国家固定对标年份的指标实际值作为静态进程目标，分析江苏的现代化进程指数。 由图 6-9 可以看出，江苏现代化进程综合指数由 2007 年的 39.31%—41.02% 上升到 2035 年的 85.27%—97.10%，呈线性平稳增长趋势。 按上限值预测，江苏最早于 2035 年（97.10%）基本实现高水平现代化的水平。

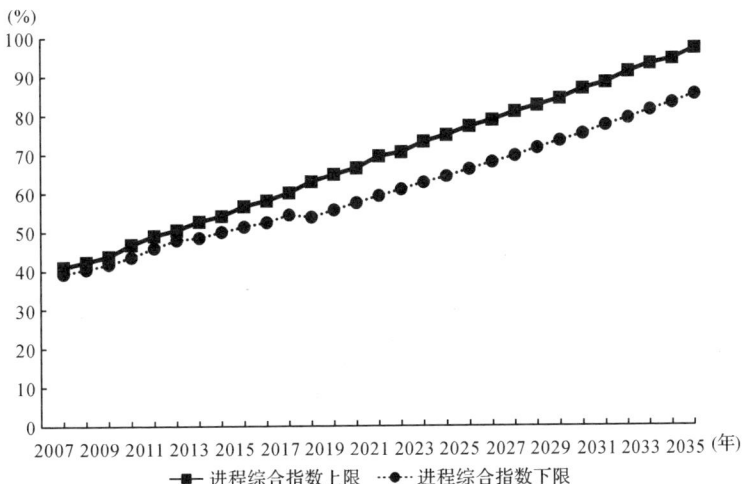

图 6-9 江苏省现代化进程综合指数情况（对标 6 个现代化先行国家）

表6-9 江苏省现代化进程综合指数下限(%)

年份	产业	科技	城市	开放	消费	生态	文化	收入	教育	卫生	加权下限
2007	50.37	39.61	49.82	59.02	33.06	18.97	89.62	6.13	32.94	55.19	39.31
2008	50.65	43.48	53.54	60.18	35.16	19.59	83.55	7.38	33.85	55.44	40.44
2009	50.52	45.90	55.72	62.68	39.12	21.62	79.00	8.86	35.40	56.14	41.75
2010	50.80	50.27	58.14	61.94	42.20	22.37	79.86	10.63	37.83	56.82	43.56
2011	51.00	55.89	60.07	63.44	45.27	22.99	79.83	14.59	40.21	57.63	45.93
2012	50.70	60.77	61.76	64.41	48.01	24.18	78.42	16.96	43.35	59.98	47.96
2013	50.41	64.18	64.08	65.09	49.56	27.53	64.48	18.14	44.03	61.72	48.52
2014	51.02	67.20	65.44	66.73	51.34	29.08	67.76	19.29	44.43	63.05	50.02
2015	50.53	69.47	66.58	69.39	52.90	30.44	69.37	20.30	46.06	64.60	51.35
2016	51.76	71.40	67.45	67.89	54.55	32.34	70.95	20.95	46.96	66.55	52.47
2017	54.76	75.28	68.28	70.34	56.25	33.57	72.78	22.12	47.60	67.82	54.39
2018	40.90	78.31	70.68	70.45	59.20	34.21	72.47	22.34	51.00	69.21	53.80
2019	42.67	82.04	72.73	75.35	61.33	35.46	72.68	22.55	52.39	69.56	55.62
2020	44.47	84.91	74.00	76.84	63.35	36.80	73.27	24.83	54.11	70.85	57.46
2021	46.29	87.71	75.22	77.30	65.22	38.15	73.83	27.36	55.85	72.14	59.25
2022	48.13	90.43	76.37	78.44	66.95	39.53	74.35	28.83	57.64	73.44	60.91
2023	49.98	93.09	77.47	83.58	68.56	40.93	74.83	29.39	59.47	74.74	62.70
2024	51.83	95.68	78.52	82.62	70.07	42.36	75.28	31.42	61.36	76.05	64.27
2025	53.68	98.22	79.52	84.17	71.50	43.83	75.69	34.30	63.30	77.38	66.14
2026	55.52	100.71	80.49	87.37	72.86	45.34	76.07	36.08	65.30	78.73	67.95
2027	57.36	103.15	81.41	86.87	74.17	46.89	76.43	38.49	67.37	80.10	69.60
2028	59.17	105.56	82.30	90.85	75.43	48.48	76.76	40.90	69.49	81.49	71.56
2029	60.98	107.93	83.16	89.93	76.66	50.12	77.08	44.86	71.68	82.91	73.41
2030	62.75	110.27	83.99	92.22	77.86	51.82	77.39	46.94	73.92	84.36	75.20
2031	64.51	112.59	84.79	94.81	79.03	53.56	77.68	51.77	76.21	85.84	77.43
2032	66.23	114.89	85.56	93.83	80.18	55.37	77.96	55.29	78.54	87.35	79.21
2033	67.93	117.18	86.31	97.45	81.32	57.23	78.23	58.58	80.92	88.90	81.28

续 表

年份	产业	科技	城市	开放	消费	生态	文化	收入	教育	卫生	加权下限
2034	69.59	119.47	87.04	97.82	82.44	59.15	78.49	61.66	83.32	90.49	83.10
2035	71.22	121.76	87.75	97.91	83.55	61.13	78.75	67.21	85.74	92.12	85.27

表 6-10　江苏省现代化进程综合指数上限(％)

年份	产业	科技	城市	开放	消费	生态	文化	收入	教育	卫生	加权上限
2007	62.41	41.16	23.12	61.10	47.55	32.66	41.96	12.25	36.95	68.04	41.02
2008	61.12	45.55	25.37	62.23	50.73	33.85	42.44	13.12	37.72	68.55	42.34
2009	56.12	50.32	26.90	65.39	56.63	37.54	44.12	14.05	38.87	69.64	43.78
2010	65.04	54.18	28.04	64.27	61.09	39.02	47.27	15.04	40.74	70.75	46.80
2011	65.94	58.81	29.51	65.82	66.99	40.12	49.82	16.11	42.71	72.51	49.08
2012	60.42	63.39	30.75	66.42	73.39	42.14	51.37	17.25	45.26	76.69	50.52
2013	66.07	67.09	32.54	67.49	78.63	48.09	40.37	18.48	45.99	79.55	52.71
2014	64.68	70.60	33.55	69.56	82.86	50.50	42.05	19.79	45.88	81.54	54.11
2015	69.75	74.35	34.36	72.21	86.57	52.28	43.28	21.19	46.94	83.71	56.63
2016	69.49	77.35	35.37	70.00	91.23	55.03	44.61	22.69	47.66	86.69	58.07
2017	70.72	81.47	35.96	73.33	95.27	57.08	46.27	24.30	47.90	88.67	60.07
2018	77.20	83.87	36.91	72.88	99.87	58.14	48.54	27.80	50.19	90.63	62.96
2019	76.48	88.22	38.66	77.61	103.02	60.52	49.36	29.71	50.84	91.80	64.84
2020	76.25	91.64	39.70	79.77	105.72	62.71	50.01	31.72	51.79	93.57	66.48
2021	85.38	95.02	40.69	80.18	107.97	64.91	50.60	35.10	52.72	95.24	69.55
2022	82.06	98.37	41.66	81.07	109.79	67.13	51.14	37.13	53.62	96.80	70.53
2023	89.45	101.69	42.59	86.14	111.27	69.38	51.63	38.11	54.51	98.28	73.22
2024	90.31	104.99	43.48	85.07	112.45	71.66	52.09	41.98	55.39	99.70	74.89
2025	94.30	108.26	44.35	86.56	113.40	73.99	52.51	45.54	56.26	101.06	77.15
2026	93.94	111.53	45.18	90.23	114.15	76.37	52.91	48.20	57.13	102.38	78.75
2027	99.14	114.78	45.99	89.06	114.75	78.80	53.28	51.41	58.00	103.67	80.92

续　表

年份	产业	科技	城市	开放	消费	生态	文化	收入	教育	卫生	加权上限
2028	97.05	118.03	46.77	93.55	115.23	81.29	53.64	55.34	58.87	104.94	82.49
2029	98.55	121.29	47.52	92.09	115.61	83.85	53.97	59.51	59.76	106.21	84.21
2030	104.91	124.56	48.25	94.42	115.92	86.47	54.30	62.65	60.64	107.47	86.78
2031	102.23	127.85	48.95	97.40	116.18	89.16	54.61	68.00	61.54	108.74	88.36
2032	109.23	131.18	49.63	96.39	116.39	91.93	54.91	73.40	62.45	110.01	91.14
2033	109.84	134.54	50.29	99.57	116.56	94.78	55.20	78.00	63.37	111.29	93.13
2034	106.88	137.94	50.93	99.99	116.70	97.71	55.49	82.33	64.29	112.60	94.37
2035	110.32	141.41	51.55	100.59	116.82	100.72	55.77	89.97	65.22	113.92	97.10

（2）单项分析：进程指数"三高七低"

单项进程指数以 6 个现代化先行国家 100％为对标水平，其结果如图 6-10 所示。

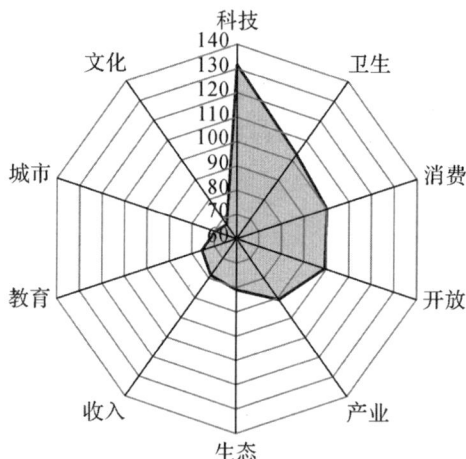

图 6-10　江苏省现代化进程单项指数情况（对标 6 个现代化先行国家）

"三高"领域：2035 年，科技、卫生与消费等 3 个领域的现代化进程指数相对较高（＞100％），分别为现代化先行国家对标水平的 131.58％、103.02％、100.19％。这说明在 2035 年，江苏省科技、卫生、消费现代化水平将处于国际领先位置。

"七低"领域：2035 年，开放、产业、生态、收入、教育、城市、文化等 7 个领域的现代化进程指数相对较低（＜100％），分别为现代化先行国家对标水平的 99.25％、90.77％、80.92％、78.59％、75.48％、69.65％、67.26％。 也就是说城市和文化现代化将是江苏现代化进程中的短板。

6.3.2 江苏省现代化建设动态评估

（1）综合评估：基本实现高水平现代化

以 6 个现代化先行国家的平均水平预测值作为动态追赶目标，面向未来，动态比较江苏现代化建设的优势与短板。 由图 6-11 可以看出，江苏对标 6 个现代化先行国家历年的追赶指数由 2007 年的 38.49％—39.39％上升为 2035 年的 67.27％—78.93％，呈稳态增长趋势。 按上限值预测，江苏省最早于 2035 年（78.93％）接近达到 6 个现代化先行国家平均水平，趋近实现高水平现代化。

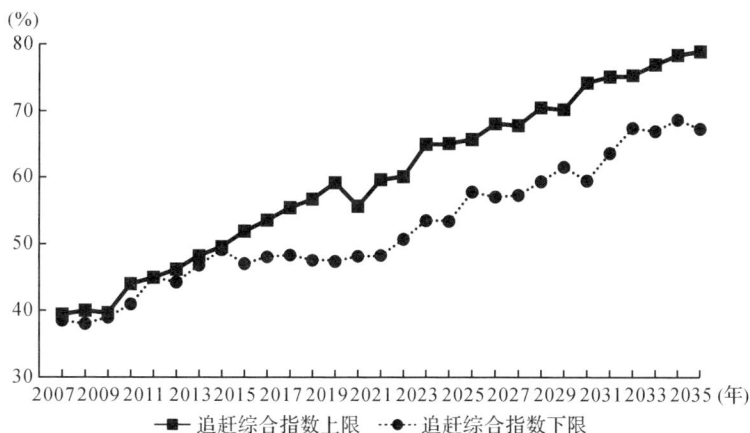

图 6-11 江苏省现代化追赶综合指数情况（对标 6 个现代化先行国家）

表 6-11 江苏省现代化追赶综合指数下限（％）

年份	产业	科技	城市	开放	消费	生态	文化	收入	教育	卫生	加权下限
2007	59.35	43.15	23.79	38.19	41.17	35.29	43.30	6.04	40.80	63.30	38.49
2008	40.68	50.22	51.34	31.43	21.18	25.59	88.88	8.46	37.13	51.95	37.99

续　表

年份	产业	科技	城市	开放	消费	生态	文化	收入	教育	卫生	加权下限
2009	43.99	50.04	26.64	35.96	51.49	38.08	46.26	8.87	41.39	64.65	38.95
2010	49.83	57.42	58.16	32.60	28.41	28.89	60.65	11.49	39.51	52.99	40.92
2011	55.18	58.31	29.30	36.37	63.58	38.89	51.00	14.71	45.05	68.22	44.91
2012	38.02	64.23	60.86	53.22	34.12	28.07	66.64	17.61	43.74	55.80	44.23
2013	49.22	65.74	64.14	37.72	33.52	30.94	80.70	19.65	44.23	57.53	46.76
2014	50.18	68.69	64.39	56.48	35.15	32.18	78.12	21.02	44.96	58.67	49.11
2015	36.62	70.83	63.75	51.41	36.25	33.15	68.99	22.09	45.96	60.03	46.98
2016	42.24	71.93	62.81	52.65	37.42	33.76	64.93	20.90	47.34	61.85	48.03
2017	43.35	75.28	63.83	42.48	41.24	33.57	63.56	22.00	46.35	62.82	48.31
2018	34.01	76.57	66.35	44.43	42.36	35.61	60.39	18.82	49.56	63.98	47.52
2019	26.53	79.21	67.98	59.39	43.45	36.22	58.85	13.97	50.09	64.11	47.34
2020	24.90	81.01	68.69	52.73	44.45	36.90	57.71	20.08	51.15	65.15	48.14
2021	26.47	82.70	69.34	51.37	45.31	37.56	56.86	15.87	52.49	66.18	48.26
2022	30.83	84.29	69.94	50.88	46.03	38.22	56.19	24.17	53.80	67.20	50.72
2023	40.80	85.77	70.48	56.50	46.65	38.87	55.66	25.95	55.53	68.20	53.51
2024	34.03	87.15	70.97	54.84	47.16	39.52	55.22	28.73	57.25	69.20	53.42
2025	46.17	88.43	71.42	72.59	47.60	40.18	54.86	33.78	58.77	70.19	57.80
2026	40.86	89.61	71.83	62.66	47.98	40.85	54.56	35.45	60.01	71.19	57.07
2027	38.16	90.70	72.20	60.58	48.30	41.52	54.30	36.85	61.97	72.18	57.32
2028	55.02	91.71	72.54	68.04	48.58	42.21	54.08	26.61	63.57	73.18	59.37
2029	49.59	92.63	72.84	75.68	48.82	42.91	53.90	39.02	65.74	74.19	61.55
2030	46.35	93.49	73.11	63.62	49.03	43.63	53.74	30.30	67.78	75.20	59.48
2031	53.45	94.27	73.35	83.87	49.21	44.37	53.60	37.82	69.59	76.22	63.62
2032	60.96	95.00	73.56	77.58	49.38	45.13	53.47	54.56	71.77	77.26	67.38
2033	52.72	95.67	73.75	74.69	49.53	45.92	53.37	57.11	73.99	78.31	66.90
2034	65.11	96.30	73.91	74.73	49.66	46.72	53.28	53.03	75.81	79.37	68.65
2035	52.80	96.88	74.06	82.44	49.78	47.56	53.20	48.90	77.96	80.44	67.27

表 6-12　江苏省现代化追赶综合指数上限（%）

年份	产业	科技	城市	开放	消费	生态	文化	收入	教育	卫生	加权上限
2007	43.65	47.85	49.69	47.16	18.93	25.65	103.47	7.13	35.84	51.83	39.39
2008	56.72	46.42	25.52	48.44	44.51	35.32	44.11	7.31	41.12	63.64	39.97
2009	44.35	52.90	52.15	37.04	25.13	27.78	78.65	10.11	37.95	52.41	39.61
2010	65.00	54.18	28.06	39.00	56.09	39.02	47.27	10.47	42.61	65.75	43.97
2011	31.55	60.80	60.64	51.74	31.47	27.74	121.94	15.51	41.26	53.70	44.92
2012	44.59	61.54	30.77	51.34	69.13	38.96	49.78	16.79	47.37	72.14	46.17
2013	52.23	65.87	32.29	49.34	76.25	44.05	40.54	16.23	46.74	75.28	48.24
2014	57.85	68.12	33.02	43.55	81.16	45.33	41.70	16.69	45.52	77.68	49.61
2015	57.72	69.87	33.51	58.47	85.07	45.65	42.65	18.09	47.22	80.53	51.91
2016	64.77	70.56	34.28	56.05	88.44	46.74	43.79	17.78	48.13	82.85	53.57
2017	70.09	73.60	34.65	56.49	93.99	46.69	45.91	18.24	47.50	84.35	55.46
2018	67.99	73.79	35.19	54.02	98.67	46.63	47.23	23.72	49.68	86.26	56.70
2019	74.28	76.48	36.61	55.65	102.31	47.42	47.81	26.97	49.94	87.45	59.20
2020	61.74	78.19	37.33	52.02	105.45	47.96	48.33	12.32	50.54	89.15	55.66
2021	74.99	79.80	38.00	62.08	108.09	48.47	48.98	16.11	51.07	90.71	59.64
2022	63.36	81.31	38.64	57.47	110.27	48.95	49.57	28.50	51.73	92.14	60.11
2023	87.16	82.73	39.25	63.90	112.05	49.42	49.62	30.17	52.26	93.46	64.96
2024	79.19	84.07	39.82	71.65	113.50	49.87	50.19	31.64	52.80	94.68	65.09
2025	87.83	85.32	40.36	60.94	114.67	50.33	50.35	28.72	53.32	95.82	65.69
2026	83.30	86.49	40.87	72.03	115.61	50.79	50.68	40.65	53.80	96.89	68.04
2027	79.72	87.60	41.36	69.70	116.37	51.25	50.87	40.62	54.31	97.91	67.77
2028	90.49	88.64	41.82	82.38	116.99	51.72	51.02	39.35	54.78	98.88	70.49
2029	83.98	89.63	42.25	66.13	117.48	52.21	51.41	48.94	55.29	99.81	70.21
2030	94.46	90.56	42.67	81.39	117.89	52.72	51.32	55.84	55.80	100.71	74.25
2031	91.74	91.44	43.06	76.55	118.22	53.24	51.65	64.44	56.31	101.59	75.16
2032	99.53	92.28	43.44	74.26	118.48	53.79	52.18	56.53	56.82	102.45	75.35
2033	92.68	93.09	43.80	71.38	118.70	54.35	52.01	73.33	57.34	103.29	76.96

年份	产业	科技	城市	开放	消费	生态	文化	收入	教育	卫生	加权上限
2034	100.82	93.86	44.15	73.63	118.88	54.95	52.44	71.26	57.85	104.12	78.38
2035	93.16	94.61	44.48	86.08	119.03	55.56	52.30	74.78	58.37	104.94	78.93

（2）单项分析：追赶指数"四高六低"

单项追赶指数以 6 个现代化先行国家 2035 年的平均水平（80.42％）为对标水平，其结果如图 6-12 所示。

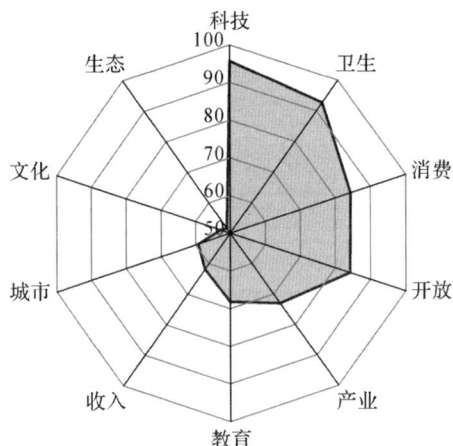

图 6-12　江苏省现代化追赶的单项指数情况（对标 6 个现代化先行国家）

"四高"领域：2035 年江苏省科技、卫生、消费与开放等 4 个领域现代化追赶指数均超过 6 个对标国家 2035 年的平均水平（80.42％），依次为 95.75％、92.69％、84.40％与 84.26％。换言之，在 2035 年江苏省科技、卫生、消费、开放 4 个领域现代化水平将处于国际领先位置。

"六低"领域：产业、教育、收入、城市、文化与生态等 6 个领域现代化追赶指数均低于 6 个对标国家 2035 年的平均水平，依次为 72.98％、68.17％、61.84％、59.27％、52.75％与 51.56％（测算出的指数相对较低，原因如上海市的分析，此处比较的是江苏省与 6 个对标国家，并非"三省一市"之间的比较），这 6 个领域是江苏省现代化建设的既有短板。也就是说这 6 个领域将是江苏省现代化建设的关键领域。

（3）对标现代化先行国家江苏既有的短板分析

综合比较研究发现：科技、卫生、消费与开放现代化是江苏省现代化建设相对优势领域，产业、教育、收入、城市、文化与生态现代化是江苏省现代化建设的既有短板，收入、城市、文化与生态现代化是江苏省现代化建设中需要加快追赶的领域。

6.4 安徽省现代化建设综合评估

6.4.1 安徽省现代化建设静态评估

（1）综合评估：安徽省现代化进程存在一定程度的滞后

以 6 个现代化先行国家固定对标年份的指标实际值作为静态进程目标，分析安徽的现代化进程指数。 由图 6-13 可以看出，安徽省现代化进程综合指数由 2007 年的 23.79％—30.10％上升到 2035 年的 59.48％—69.60％，呈线性平稳增长趋势。 安徽现代化进程存在一定程度的滞后，因此基本实现高水平现代化有待多维增效能、提动力。

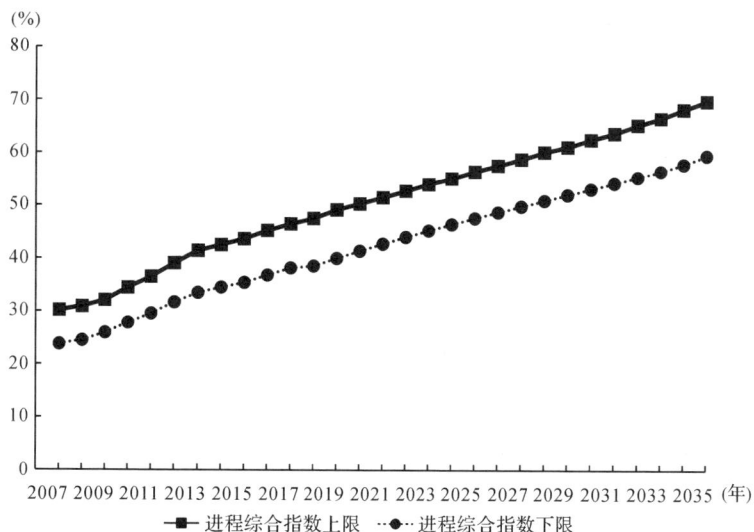

图 6-13　安徽省现代化进程综合指数情况（对标 6 个现代化先行国家）

表 6-13 安徽省现代化进程综合指数下限(%)

年份	产业	科技	城市	开放	消费	生态	文化	收入	教育	卫生	加权下限
2007	39.45	13.60	13.57	15.64	7.45	16.82	67.60	3.01	31.82	46.78	23.79
2008	40.68	15.83	14.30	15.13	8.71	17.18	60.68	3.74	33.87	47.67	24.49
2009	41.48	19.26	16.00	16.66	10.49	18.41	62.97	4.24	34.43	48.69	25.92
2010	43.86	22.27	16.24	18.46	12.56	19.45	68.88	5.12	35.75	49.68	27.83
2011	45.64	25.33	16.89	19.96	14.24	20.51	65.39	6.69	39.84	50.55	29.59
2012	45.91	28.49	18.76	22.89	15.96	21.58	67.00	8.02	44.40	51.98	31.71
2013	45.84	32.21	20.57	28.49	17.42	24.42	68.32	8.95	45.38	53.24	33.51
2014	45.69	34.48	21.22	36.18	18.49	26.05	69.82	9.50	43.39	54.16	34.53
2015	43.57	35.36	22.60	40.55	19.73	26.33	71.77	10.40	45.04	55.47	35.43
2016	43.23	40.17	23.61	40.49	21.57	27.63	75.47	11.01	45.59	56.35	36.84
2017	43.45	42.75	24.48	45.80	23.12	29.54	74.00	12.05	46.60	57.08	38.20
2018	35.20	43.52	25.29	47.78	24.22	29.70	78.69	13.35	51.34	57.40	38.57
2019	35.33	46.56	26.22	49.43	25.68	32.54	80.02	14.35	52.64	58.58	40.02
2020	35.46	49.59	27.12	50.58	27.14	35.20	81.38	15.34	54.00	59.49	41.41
2021	35.59	52.56	28.01	51.36	28.58	37.92	82.62	16.32	55.24	60.40	42.75
2022	35.71	55.44	28.87	51.88	30.01	40.71	83.76	17.28	56.39	61.24	44.03
2023	35.84	58.23	29.71	52.24	31.43	43.58	84.82	18.22	57.46	62.01	45.26
2024	35.96	60.92	30.53	52.48	32.82	46.52	85.81	19.11	58.46	62.73	46.45
2025	36.07	63.52	31.34	52.65	34.20	49.57	86.76	19.97	59.42	63.39	47.60
2026	36.18	66.05	32.14	52.78	35.55	52.74	87.67	20.79	60.34	64.01	48.73
2027	36.28	68.55	32.92	52.87	36.87	56.06	88.56	21.55	61.24	64.58	49.84
2028	36.37	71.02	33.70	52.95	38.16	59.55	89.42	22.27	62.10	65.12	50.94
2029	36.46	73.49	34.46	53.02	39.41	63.24	90.28	22.93	62.95	65.64	52.04
2030	36.55	75.98	35.22	53.07	40.62	67.17	91.12	23.54	63.78	66.13	53.14
2031	36.63	78.52	35.98	53.13	41.80	71.35	91.95	24.09	64.59	66.61	54.25
2032	36.70	81.11	36.72	53.18	42.93	75.83	92.79	24.60	65.39	67.07	55.37
2033	36.77	83.77	37.47	53.22	44.03	80.65	93.61	25.05	66.17	67.52	56.51

年份	产业	科技	城市	开放	消费	生态	文化	收入	教育	卫生	加权下限
2034	36.84	87.52	38.21	53.27	45.09	85.85	94.44	25.46	66.94	67.97	57.83
2035	36.90	93.36	38.95	53.31	46.10	91.47	95.27	25.83	67.69	68.41	59.48

表 6-14　安徽省现代化进程综合指数上限(%)

年份	产业	科技	城市	开放	消费	生态	文化	收入	教育	卫生	加权上限
2007	39.54	16.37	25.13	48.11	18.82	28.97	72.68	2.25	33.96	57.54	30.10
2008	41.11	18.76	25.89	45.00	21.73	29.49	70.57	2.83	35.24	59.34	31.03
2009	42.08	22.36	27.56	40.54	24.87	31.53	68.69	3.23	35.66	60.79	31.98
2010	45.05	25.24	27.89	45.06	28.58	33.47	76.88	3.94	36.80	62.74	34.48
2011	47.32	29.00	28.56	46.39	31.55	35.81	73.22	5.22	39.67	65.51	36.47
2012	48.09	32.92	31.72	54.00	34.82	37.16	74.42	6.29	43.45	67.52	39.17
2013	48.06	38.05	34.17	59.39	37.42	42.00	73.80	7.02	44.88	69.08	41.38
2014	47.61	41.04	34.82	64.26	39.56	44.88	76.85	7.41	43.61	70.61	42.65
2015	44.95	41.62	37.17	71.33	41.87	44.47	78.29	8.11	44.80	72.50	43.61
2016	44.34	45.32	39.05	70.66	44.74	46.71	81.63	8.54	45.82	73.84	45.01
2017	43.88	49.10	40.38	71.71	47.93	50.72	82.27	9.36	46.84	75.72	46.61
2018	43.86	48.63	41.45	74.70	49.18	47.96	87.83	10.35	50.35	76.44	47.77
2019	43.74	51.75	42.72	76.00	51.26	50.51	87.18	11.09	51.46	77.96	49.05
2020	43.28	54.90	43.93	76.95	53.22	53.04	90.45	11.83	52.57	79.22	50.47
2021	42.82	58.08	45.07	77.65	55.08	55.74	90.67	12.55	53.54	80.44	51.66
2022	42.37	61.27	46.15	78.18	56.86	58.60	90.58	13.25	54.41	81.55	52.81
2023	41.93	64.49	47.19	78.60	58.55	61.66	91.92	13.93	55.20	82.56	54.02
2024	41.52	67.73	48.17	78.93	60.17	64.92	93.08	14.58	55.91	83.49	55.21
2025	41.12	71.01	49.12	79.22	61.72	68.42	92.31	15.20	56.58	84.35	56.28
2026	40.74	74.34	50.03	79.47	63.21	72.19	96.46	15.79	57.20	85.13	57.65
2027	40.38	77.75	50.91	79.70	64.64	76.27	96.31	16.34	57.80	85.86	58.78

续　表

年份	产业	科技	城市	开放	消费	生态	文化	收入	教育	卫生	加权上限
2028	40.05	81.24	51.76	79.92	66.02	80.68	96.37	16.85	58.36	86.54	59.94
2029	39.73	84.84	52.59	80.12	67.34	85.47	96.15	17.32	58.91	87.17	61.11
2030	39.43	88.56	53.39	80.32	68.62	90.70	98.49	17.75	59.44	87.77	62.47
2031	39.16	92.42	54.19	80.52	69.86	96.40	101.91	18.15	59.96	88.33	63.93
2032	38.90	96.45	54.96	80.72	71.05	102.64	99.15	18.51	60.46	88.87	65.08
2033	38.66	100.65	55.73	80.91	72.20	109.47	100.99	18.83	60.95	89.38	66.57
2034	38.44	105.04	56.48	81.10	73.31	116.97	102.40	19.12	61.43	89.88	68.09
2035	38.23	109.65	57.23	81.29	74.39	125.20	102.25	19.38	61.89	90.36	69.60

（2）单项分析：进程指数"两高八低"

单项进程指数以 6 个现代化先行国家的 100％ 为对标水平，其结果如图 6-14所示。

"两高"领域：2035 年，生态和科技等 2 个领域的现代化进程指数相对较高（＞100％），分别为现代化先行国家对标水平的 108.33％ 和 101.50％。由此可见到 2035 年安徽省生态和科技现代化水平将处于国际领先位置。

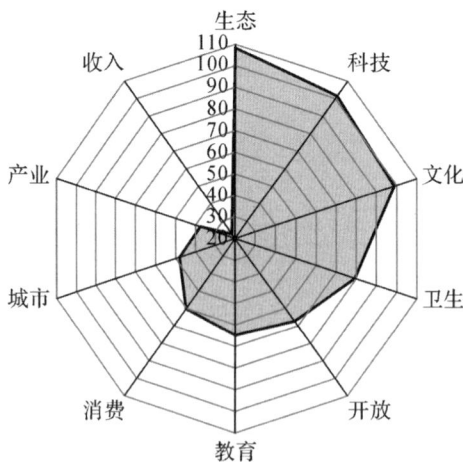

图 6-14　安徽省现代化进程单项指数情况（对标 6 个现代化先行国家）

"八低"领域：2035 年，文化、卫生、开放、教育、消费、城市、产业与收入等 8 个领域的现代化进程指数相对较低（＜100％），分别为现代化先行国家对标水平的 98.87％、79.38％、67.30％、64.79％、60.24％、48.09％、37.57％、22.61％。 也就是说开放、教育、消费、城市、产业、收入现代化将是安徽省基本实现高水平现代化的关键领域。

6.4.2 安徽省现代化建设动态评估

（1）综合评估：追赶任务艰巨

以 6 个现代化先行国家的平均水平预测值作为动态追赶目标，面向未来，动态比较安徽现代化建设的优势与短板。 由图 6-15 可以看出，安徽省对标 6 个现代化先行国家历年的追赶指数由 2007 年的 26.86％—29.46％上升为 2035 年的 55.35％—62.29％，呈线性增长趋势。 按上限值预测，按现行发展路径，安徽省基本实现高水平现代化的任务艰巨。

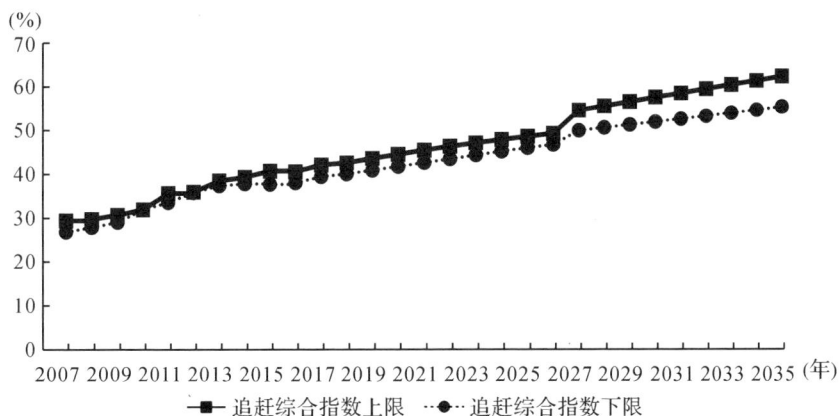

图 6-15　安徽省现代化追赶综合指数情况（对标 6 个现代化先行国家）

表 6-15　安徽省现代化追赶综合指数下限（％）

年份	产业	科技	城市	开放	消费	生态	文化	收入	教育	卫生	加权下限
2007	37.29	17.22	25.47	35.87	18.25	30.27	24.67	2.36	37.92	57.83	26.86
2008	39.42	19.03	25.97	34.27	21.18	30.28	24.97	3.10	38.67	59.47	27.92
2009	42.42	22.10	27.45	27.61	24.75	31.86	27.38	3.68	38.16	60.82	29.06

续　表

年份	产业	科技	城市	开放	消费	生态	文化	收入	教育	卫生	加权下限
2010	45.05	25.24	27.89	45.06	28.58	33.48	29.43	4.57	38.13	62.74	31.93
2011	45.85	28.66	28.55	38.33	32.29	35.15	31.44	6.23	41.43	65.81	33.56
2012	39.44	49.46	18.46	18.89	16.05	23.27	103.95	7.87	43.63	52.63	35.82
2013	39.15	51.67	20.15	24.05	16.72	26.25	105.41	9.66	44.32	53.87	37.38
2014	38.21	53.74	20.57	31.40	17.74	27.93	97.64	10.53	43.02	54.68	37.80
2015	35.30	55.68	20.88	36.83	18.77	27.93	85.43	11.59	43.52	55.86	37.70
2016	34.50	57.49	20.94	34.16	20.33	28.55	83.82	10.92	45.88	56.60	38.02
2017	35.72	59.19	21.91	45.80	23.12	29.53	79.72	12.01	45.17	57.09	39.45
2018	36.62	60.79	24.31	30.95	23.88	29.45	83.31	13.21	49.37	57.25	40.03
2019	36.79	62.31	24.94	31.74	25.31	30.94	84.17	14.11	49.62	58.27	40.88
2020	36.68	63.76	25.53	32.29	26.73	32.20	85.74	15.01	50.25	59.01	41.72
2021	36.56	65.17	26.10	32.68	28.14	33.48	87.66	15.91	51.19	59.76	42.60
2022	36.44	66.53	26.65	32.97	29.55	34.76	89.85	16.78	51.92	60.42	43.44
2023	36.31	67.87	27.18	33.18	30.94	36.05	92.22	17.63	52.92	61.03	44.32
2024	36.17	69.19	27.68	33.35	32.31	37.35	94.75	18.46	53.87	61.57	45.18
2025	36.04	70.49	28.17	33.50	33.66	38.67	97.40	19.25	54.41	62.06	45.98
2026	35.92	71.79	28.64	33.63	34.98	40.03	100.15	20.05	54.51	62.50	46.71
2027	42.59	61.59	46.25	54.57	66.63	53.79	54.27	15.28	54.11	85.83	49.93
2028	42.37	63.33	46.73	54.74	67.94	55.58	54.96	15.65	54.32	86.39	50.58
2029	42.17	65.05	47.18	54.94	69.18	57.53	55.91	16.03	54.54	86.90	51.25
2030	41.98	66.76	47.61	55.17	70.36	59.65	56.38	16.38	54.74	87.36	51.90
2031	41.82	68.47	48.01	55.42	71.49	61.98	57.24	16.68	54.93	87.78	52.57
2032	41.68	70.19	48.39	55.71	72.57	64.53	57.89	16.95	55.10	88.18	53.24
2033	41.55	71.92	48.76	56.02	73.60	67.34	58.91	17.19	55.27	88.54	53.94
2034	41.44	73.66	49.11	56.36	74.59	70.44	59.22	17.40	55.43	88.88	54.61
2035	41.35	75.43	49.46	56.72	75.54	73.87	60.24	17.58	55.57	89.20	55.35

表 6-16　安徽省现代化追赶综合指数上限(%)

年份	产业	科技	城市	开放	消费	生态	文化	收入	教育	卫生	加权上限
2007	30.20	40.23	13.55	12.39	7.47	19.21	112.42	3.23	34.00	48.14	29.46
2008	32.00	42.75	13.51	12.52	8.79	19.31	96.16	4.01	36.37	48.94	29.77
2009	34.22	42.21	14.54	13.17	10.60	20.50	100.64	4.53	36.31	49.78	30.73
2010	35.25	44.69	16.24	14.91	12.70	21.94	101.68	5.14	36.19	50.69	31.94
2011	38.59	47.12	17.19	16.36	14.38	22.55	130.53	6.60	39.72	51.47	35.66
2012	47.78	31.99	31.54	40.88	35.45	35.64	33.09	7.46	44.88	67.96	35.93
2013	47.44	36.98	34.19	51.42	38.78	39.74	36.37	7.78	45.38	69.73	38.49
2014	46.68	39.16	34.27	57.70	41.35	41.76	37.13	7.99	43.19	71.64	39.34
2015	45.46	39.06	36.55	67.92	43.77	40.91	38.58	8.72	44.91	74.18	40.73
2016	45.87	41.78	38.08	48.12	45.85	42.05	41.83	8.71	46.26	74.94	40.59
2017	45.93	44.72	39.04	52.77	49.79	43.91	42.99	9.36	46.38	76.39	42.11
2018	44.80	43.68	39.78	53.14	50.97	41.37	45.33	10.18	49.71	77.12	42.57
2019	44.87	45.89	40.76	52.92	53.17	42.69	46.58	10.82	50.47	78.60	43.59
2020	44.56	48.06	41.66	52.42	55.23	43.88	47.78	11.48	51.25	79.82	44.48
2021	44.25	50.18	42.49	53.73	57.16	45.11	49.14	12.08	51.87	80.98	45.46
2022	43.95	52.24	43.25	53.93	58.97	46.39	50.36	12.72	52.43	82.01	46.32
2023	43.65	54.23	43.95	54.07	60.68	47.72	51.18	13.29	52.87	82.94	47.10
2024	43.36	56.15	44.59	54.19	62.29	49.11	51.98	13.85	53.25	83.78	47.85
2025	43.09	58.01	45.18	54.30	63.82	50.57	52.82	14.38	53.59	84.54	48.57
2026	42.83	59.82	45.74	54.43	65.26	52.12	53.61	14.82	53.85	85.22	49.26
2027	35.80	119.95	29.10	33.76	36.28	41.42	102.99	20.81	55.35	62.89	54.58
2028	35.68	122.39	29.55	33.54	37.54	42.87	105.90	21.52	55.78	63.25	55.52
2029	35.57	124.79	30.06	34.01	38.76	44.40	108.88	22.20	56.71	63.57	56.54
2030	35.47	127.16	30.57	34.14	39.95	46.01	111.92	22.83	57.46	63.87	57.53
2031	35.38	129.50	31.07	34.27	41.10	47.72	115.00	23.41	57.96	64.14	58.48
2032	35.29	131.82	31.57	34.41	42.21	49.54	118.12	23.94	58.76	64.40	59.46
2033	35.22	134.11	32.06	34.55	43.27	51.49	121.29	24.41	59.42	64.65	60.43

续　表

年份	产业	科技	城市	开放	消费	生态	文化	收入	教育	卫生	加权上限
2034	35.15	136.39	32.55	34.69	44.30	53.59	124.48	24.83	59.76	64.88	61.34
2035	35.09	138.64	33.04	34.84	45.29	55.85	127.71	25.21	60.35	65.11	62.29

（2）单项分析：追赶指数"两高八低"

单项追赶指数以 6 个现代化先行国家 2035 年的平均水平（80.42％）为对标水平，其结果如图 6-16 所示。

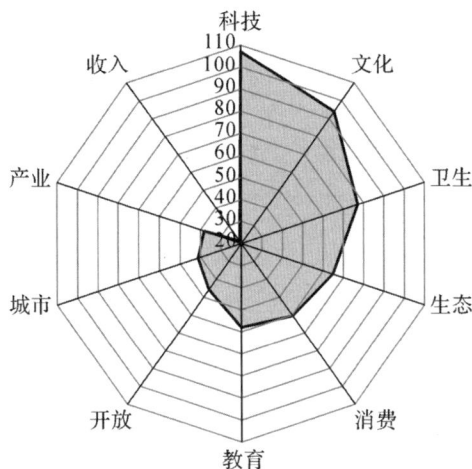

图 6-16　安徽省现代化追赶的单项指数情况（对标 6 个现代化先行国家）

"两高"领域：2035 年安徽省科技和文化等 2 个领域现代化追赶指数均超过 6 个对标国家 2035 年的平均水平（80.42％），依次为 107.04％ 和 93.98％。 即在 2035 年安徽省科技和文化现代化水平将处于国际领先位置。

"八低"领域：卫生、生态、消费、教育、开放、城市、产业与收入等 8 个领域现代化追赶指数均低于 8 个对标国家 2035 年的平均水平，依次为 77.15％、64.86％、60.42％、57.96％、45.78％、41.25％、38.22％ 与 21.39％，这 8 个领域是安徽省现代化建设的既有短板。

（3）对标现代化先行国家安徽既有的短板分析

综合比较研究发现：科技和文化现代化是安徽省现代化建设相对优势领

域，卫生、生态、消费、教育、开放、城市、产业与收入现代化是安徽省现代化建设的既有短板，教育、开放、城市、产业与收入现代化是安徽省现代化建设中需要加快追赶的领域。

6.5 长三角一体化区域现代化综合指标评估

基于对长三角一体化区域中上海、江苏与安徽的现代化建设进程与追赶速度的拟合分析，浙江省现代化建设无论从静态还是动态来看，在长三角一体化区域相对处于领先地位；与此同时，与上海存在错位发展的互补关系，江苏和安徽两省则在科技、卫生、消费、文化及开放现代化层面具备异质性的发展优势及路径。从区域一体化下浙江现代化发展视阈来看，长三角一体化区域"三省一市"的现代化发展模式差异化突出，现代化的比较优势各异，形成了经济地理禀赋相互协同补充、现代化进程差异性高水平发展的稳态模式，有助于浙江利用基于区域一体化的经济地理禀赋，发挥浙江在科技、生态与卫生现代化的显著禀赋基础与发展潜力，积极吸纳其他省市在开放、城市、消费与文化现代化层面的先进经验，进一步挖掘现代化发展动能，整合长三角区域一体化的资源优势、发展路径差异优势与发展模式互补优势，积极布局现代化发展战略、模式与路径，在进一步夯实现有优势、挖掘潜在优势的基础之上，更好地培育现代化短板发展动能，形成全面、高水平现代化的顶层战略基础、发展模式基础及发展路径基础，争创社会主义现代化先行省。

回归浙江省现代化建设的长三角区域一体化发展情景，探析浙江在区域一体化视阈下如何发挥自身比较优势，整合区域内异质性经济禀赋，夯实现代化发展基础，进而形成富有持续动能的现代化发展模式及发展路径，则需要厘清长三角区域一体化协同现代化的发展态势，并在这一宏观视阈下，探析浙江基本实现高水平现代化现行省的可行模式与路径。

基于"三省一市"现代化实践及相关数据，本书将"长三角一体化区域现代化进程综合指数情况"与"长三角一体化区域现代化追赶综合指数情况"拟合如图 6-17、图 6-18 所示。

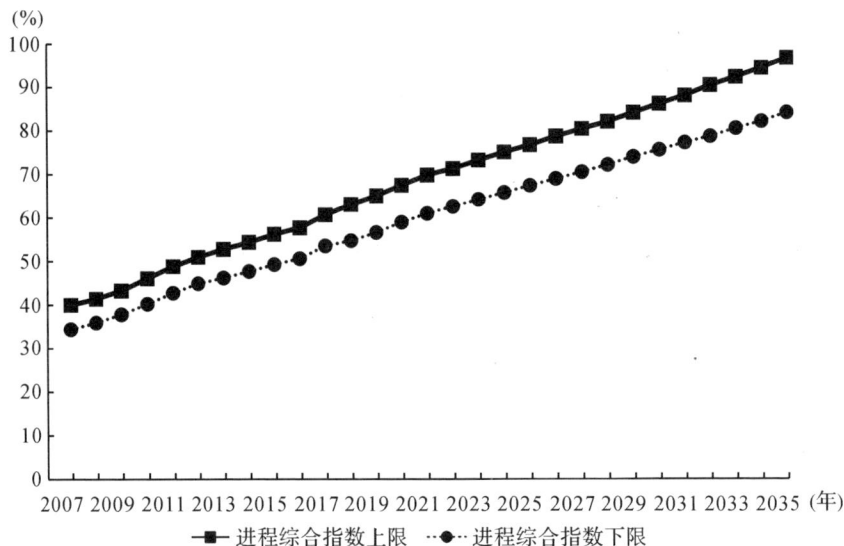

图 6-17　长三角区域现代化进程综合指数情况（对标 6 个现代化先行国家）

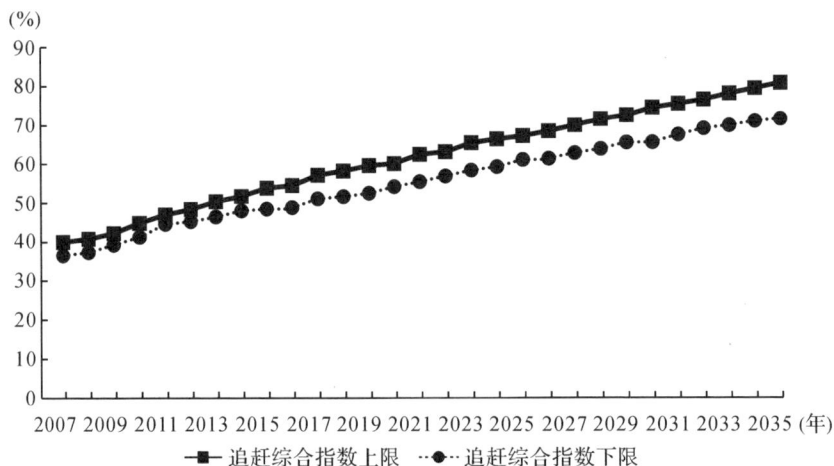

图 6-18　长三角区域现代化追赶综合指数情况（对标 6 个现代化先行国家）

　　不难发现，长三角一体化区域现代化发展势头强劲，现代化发展区间处于较高水平，尤其是长三角一体化区域的现代化进程指数，到 2035 年，静态的现代化发展水平处于（84.21，96.77）高水平区间，与浙江现代化进程指数发展水平对应的（85.08，105.91）差距在 0.87%—9.14% 之间，这为浙江按照现有现代化发展路径实现既定现代化进程目标奠定了较为扎实的一体化区域现代化基础。

从长三角一体化区域的现代化追赶指数看，到 2035 年，静态的现代化发展水平处于（71.62，80.87）高水平区间，相较于浙江现代化进程指数发展水平对应的（71.41，89.43），现代化追赶指数区间下限高于浙江对应值，区间上限与浙江差距则为 8.56%。 长三角一体化区域现代化动态发展，建构了浙江现代化建设的扎实基底，区域动态现代化的溢出效应是浙江基本实现高水平现代化的重要经济地理基础。

浙江现代化路径的市场经济驱动、外向型经济导向与制度质量引致的复合特征，使得长三角一体化区域的整体现代化发展趋势与水平成为浙江高水平现代化建设的重要经济地理基础，尤其是外向型经济导向与制度质量引致特征又聚焦于区域一体化的地理背景。 长三角区域一直是中国经济发展与现代化建设进程处于优势地位的地区，长三角区域一体化战略的提出，则进一步赋予了区域发展要素禀赋协同基础、经济发展互补优势与现代化发展一体化动能，使得浙江这一无论经济发展还是现代化建设都呈现高度外向型特征的地区得以在发挥自身市场经济优势与制度环境优势的基础之上，更加广泛合理地配置利用区域内差异化的资源禀赋优势、发展模式优势与发展路径优势，通过夯实现有优势和挖掘潜在优势，更好地培育现代化短板发展动能，补足高水平现代化建设进程之中的短板，形成基本实现高水平现代化的浙江建设模式、浙江发展路径与浙江实践范本。

进入新时代，浙江现代化建设也从原先的发展阶段跃升到了新的发展阶段。 这一跃升不仅仅体现在现代化水平上，更体现在如何在贸易的全球价值链化、经济建设的新常态化的背景之下，进一步深化改革，进一步释放市场活力，激发市场主体竞争发展的不竭动力，形成具有浙江鲜明特色、符合高水平现代化发展规律及具有经验可迁移性的现代化发展模式与路径，并且在此基础之上逐渐积累高水平现代化的浙江实践与浙江经验，形成"干在实处、走在前列"的浙江基本实现高水平现代化的实践范本。

第7章　长三角一体化下浙江基本实现高水平现代化建设目标与对策

浙江现代化是由外源因素和内源动能共同驱动的改革进程，地缘经济层面的区域一体化是浙江现代化的重要经济地理背景，探析浙江现代化建设的目标与对策，需要置于区域一体化框架下展开。迥异于封闭经济条件的省域现代化，由于市场经济引致与制度环境驱动的现代化特点，浙江现代化问题自然转化成为开放经济条件下内生制度质量更迭与协同市场经济体系构建问题，一方面浙江需要在现代化建设进程中持续推进制度鼎新，集聚制度禀赋优势，营造有利于市场经济引致的营商环境；另一方面，在积累内源经济地理禀赋与优势的同时，持续推进市场经济的外向型发展，尤其是聚焦长三角一体化下市场经济的完善与建构，形成浙江基本实现高水平现代化的坚实经济基础。

长三角一体化下浙江基本实现高水平现代化建设，蕴含"高水平"的现代化建设预设。高水平涉及两大方面：第一，现代化水平向现代化先行国家趋近，即如何在既有现代化基础上，进一步发挥内源优势，基于长三角一体化区域协同现代化的经济地理基础，加速推进浙江现代化进程，使得浙江现代化在发展水平上得到跃升。第二，现代化发展模式与现代化发展路径向现代化先行国家的趋近甚至迭代，即如何在新时代通过供给侧结构性改革与经济高质量发展的系统嬗变，更易现有要素密集型经济发展模式、要素密集型现代化发展模式，将现有以制度环境驱动与市场经济引致的现代化发展方式进一步向纵深推进，形成具备发展效率、发展可持续性与发展特色的浙江现代化

模式与路径，努力以省域现代化先行为全国现代化建设探路。将上述现代化
建设的理论预设转化为具象实践，则需要将浙江现代化建设置于区域一体化
视阈下，具体而言，是将浙江现代化与长三角区域一体化战略融合，发挥现代
化建设中的浙江既有优势；与此同时，利用配置长三角一体化区域的各类经
济要素、制度禀赋与协同优势，将浙江现代化的制度禀赋依赖与市场经济依
存向经济地理空间与价值链深度拓展，形成浙江高水平现代化的制度拓展边
际；经济地理拓展边际，通过区域一体化下制度、市场与要素的协同配置，形
成浙江高水平现代化的契约集约边际与市场经济集约边际，形成现代化建设
内源挖掘与外源赋能双元驱动的浙江现代化发展模式与发展路径。本章则从
现代化建设的目标与对策方面对上述问题予以廓清。

7.1 长三角一体化区域高水平现代化协同政策体系

"三省一市"现代化目标任务体系，构建了长三角一体化区域协同现代化
的经济地理基础。长三角区域一体化示范区，在经济禀赋上具备显著的"中
心—外围"经济地理特征，如何发挥一体化建设中上海的龙头带动作用，同时
发挥苏、浙、皖各自比较优势，提升长三角一体化区域整体竞争力，形成分工
合理、优势互补、各具特色的协调发展格局，是长三角一体化战略的应有之
义。长三角一体化区域协同现代化，基于各省（市）域现代化建设实践，与
区域一体化建设稳态迭代，能够有效推进区域整体现代化水平，并形成区域
内各具特色、各具专长、协同互补的现代化格局。

协同长三角一体化区域高水平现代化，应以"八八战略"为指引，坚持目
标导向与对标导向、问题导向、需求导向相统一，牢牢把握党对社会主义现代
化建设的战略安排、人民群众对美好生活的热切向往，全面把握机遇，沉着应
对挑战，着力围绕"11个现代化"建设重点、要点、难点、焦点，着力增优
势、补短板、强弱项，努力赢得"更进一步、更快一步"战略主动，高水平推
进社会主义现代化建设。

7.1.1　集聚长三角一体化区域现代化经济地理禀赋

深化区域改革，扩大区域对外开放水平，集聚长三角一体化区域现代化经济地理禀赋。第一，完善长三角区域一体化市场经济体系，深化区域协同改革，建立"三省一市"政策协同机制，着力压降区域内政策差异导致的市场不完全性，营造良好的广域营商环境。第二，深化区域内人才、资本与要素的市场化流转机制，形成各省（市）人才充分流动、资本高效配置、要素充分流转的市场体系，充分完善与发挥市场对于人才、资本与要素的优化配置作用。第三，推进长三角一体化区域市场经济体系的外向度发展水平，充分发挥各市场主体参与国际市场竞争的积极性与竞争力，培育市场主体、发展市场竞争机制，提高长三角一体化区域的对外开放水平。第四，强化区域经济地理禀赋的协同互补，理顺各省（市）现代化发展禀赋与比较优势，形成现代化路径各异、现代化模式互补的区域现代化发展格局，充分发挥区域经济地理禀赋对区域现代化的基础性作用。

7.1.2　提升区域要素流转配置效率

加强区域产业分工协作，强化区域贸易价值链互嵌，提升区域要素流转配置效率。第一，加快形成区域产业价值链体系、贸易价值链体系与要素价值链体系，以经济发展的价值链深化为主线，强化各省（市）产业比较优势，形成优势产业区域价值链一体化、要素禀赋贸易价值链流转化的区域分工体系与区域价值链贸易体系。第二，打破区域要素流转壁垒，理顺区域内价值链上下游关联，实现区域要素的价值链配置，实现优势产业与稀缺要素的高效配置，解决区域产业发展与区域要素禀赋的非均衡性问题。

7.1.3　营造一体化与现代化建设的一流制度环境

优化区域营商环境，加强政策协同，营造一体化与现代化建设的一流制度环境。第一，建立长三角一体化区域"三省一市"联席磋商机制与政策协调机制，强化政策协同，进一步打破区域市场壁垒，形成市场的一体化。第二，在一体化市场的基础上，强化市场的政策供给，破局市场发展与政策供给的结构性失配问题，将市场主体培育、市场体系建设与政策集约供给相结合，将产业发展、贸易流转与要素配置相统一，形成价值链高度发展、政策有效供给的优越营商环境。

7.2 浙江基本实现高水平现代化建设目标任务与对策

7.2.1 浙江省现代化的历史沿革与建设路径

浙江省现代化建设历程，是社会主义市场经济发展与制度环境革新双元驱动下的历史实践，是伴随改革开放伟大历史实践不断深化推进的。从历史发展视阈来看，浙江省现代化建设经历了 5 个发展阶段，各发展阶段相互承接、不断发展，不断推进浙江现代化建设走在全国前列。尤其是当前，浙江省现代化建设步入了高水平现代化建设时期，回溯浙江现代化实践历程，梳理浙江现代化发展脉络，是厘清浙江现代化发展内涵、发展模式、发展路径，进而廓清浙江现代化建设的目标任务与对策的关键所在。

（1）中华人民共和国浙江现代化的建立和发展期（1949—1978）

这一时期，是中华人民共和国经济体系重塑与奠基时期，浙江现代化建设也主要聚焦经济领域的重塑与整合，这一时期的现代化进程主要以夯实国民经济体系为核心，现代化发展进程并不突出，但从经济体系与国民经济系统层面奠定了现代化的经济基础。伴随着国民经济体系重构与建设的是这一时期生产关系层面的改革，从中华人民共和国对资本主义工商业的改革整合，到农业农村领域的家庭联产承包责任制的创行，生产关系的变革极大地促进了经济的发展，发展经济成为这一时期浙江现代化建设的主线。

（2）改革开放初期浙江现代化改革与发展期（1979—1992）

经历了党的十一届三中全会的拨乱反正，发展经济成为社会的主旋律，中国步入了全面改革开放的历史时期，这一时期浙江现代化建设步入了制度质量革新的现代化发展阶段，以改革为载体的制度鼎新，形成了浙江现代化的制度驱动力。这一时期的改革，是以一种"自上而下"的方式展开的，制度鼎新的非市场性凸显，这与后期浙江现代化的制度质量引致型现代化阶段

的制度鼎新模式，存在较大的区别。 由于这一时期制度鼎新模式的非市场性
特征，加之这一时期的经济体制仍属于高度计划的经济发展形态，制度嬗变
的经济效益无法通过市场经济系统充分释放，对于经济现代化的引致效应有
限，这也决定这一时期浙江现代化的特点：制度环境引致与市场经济驱动非
均衡性，且以制度环境引致为主。

（3）社会主义市场经济目标下浙江现代化改革与发展期（1992—2000）

1992年党的十四大，明确提出了中国经济体制改革的目标是建立社会主义
市场经济体制，建立社会主义市场经济体制成为经济领域改革的聚焦。 这一时
期浙江现代化步入了制度质量引致与市场经济驱动的新时期，虽然市场经济驱
动囿于社会主义市场经济体制尚处于确立建设期，市场经济的现代化驱动力有
限，但这一时期是浙江现代化模式的新跃升——从单一制度质量引致向"制度
质量引致与市场经济驱动"双元模式发展。 随着市场经济体制的确立及其逐步
完善，市场在调节社会资源配置与促进经济发展上的作用越发凸显，经济现代
化也基于此快速发展。 这一时期浙江不断涌现了义乌现象、温州现象，社会主
义市场经济体制将原有附着在农村土地上的广大农民转化为市场主体，浙江成
为民营经济的重要发源地，浙江的经济现代化开始步入"快车道"。

（4）加入WTO后浙江现代化深化发展期（2001—2017）

在社会主义市场经济目标下浙江现代化改革与发展期，社会主义市场经
济体制虽然得以确认并发展，但市场经济发育发展水平不高，集中表现为市
场经济的外向度水平不足。 2001年，伴随着中国正式加入WTO，社会主义
市场经济体制下的市场经济体系从封闭经济条件向开放经济条件转变，经济
发展的外向度水平不断提高，外向型经济成为浙江经济的鲜明特点。 基于
此，浙江经济现代化也从封闭经济条件下的市场经济驱动模式向开放经济条
件下的经济现代化模式转变。

2002年，浙江省基于汇率测算的购买力评价法调整后人均GDP达到2051.
226美元，突破了2000美元的大关；2005年达到了3381.838美元，迈进现代化
门槛，初步实现了经济现代化目标；到2017年末进一步发展到13634.44美元的
水平，经济现代化水平进一步提高。 突破经济现代化发展视阈，寻求以经济现
代化为基础的全面现代化成为这一时期浙江现代化的主要特点。

2003 年，"八八战略"提出，成了指导浙江经济社会发展以及现代化建设的重要方略，一方面推进了浙江经济发展向高质量发展阶段跃升，促进了浙江经济现代化模式与路径的转换；另一方面，将浙江现代化发展向经济社会文化等方面全面推进，全面现代化成为浙江现代化的发展要义。

（5）新时代浙江高水平现代化全面发展期（2017 年至今）

步入新时代，经济社会发展呈现出新的发展特征，以供给侧结构性改革与经济高质量发展为标志，社会经济发展模式步入了高质量发展阶段。党的十九大提出了"我国社会主要矛盾已经转化为人民日益增长的美好生活需要和不平衡不充分的发展之间的矛盾"，因此实现高水平现代化，满足人民日益增长的多元化需求，实现全面现代化，使现代化更均衡更充分地惠泽广大人民群众，成为这一时期浙江现代化的主要目标。在新时代，实现浙江高水平现代化的全面发展，是由当前中国社会主要矛盾决定的，一方面经济现代化由于社会主要矛盾的变化逐步从现代化的主要方面发展为现代化发展要义之一；另一方面，伴随着"人民日益增长的美好生活需要和不平衡不充分的发展"的凸显，如何将现代化提升到高水平，并从现代化溢出边际上实现均衡化、充分化发展，成为现代化建设的关键。浙江现代化由此步入了新时代浙江高水平现代化全面发展期。

7.2.2 浙江基本实现高水平现代化建设目标任务与对策建议

（1）浙江基本实现高水平现代化建设目标任务

浙江作为改革开放的前沿阵地，在对外开放、国际贸易改革、市场经济发展与现代化建设等方面积累了大量的改革与发展实践经验。从比较优势视角而言，浙江资源禀赋羸弱，改革开放以来依靠改革创新，极大地改善了社会主义市场经济发展的制度环境，积累了深厚的制度禀赋优势，市场经济发展方兴未艾，民营经济对产业发展与社会经济发展起到了极大的推动作用。在高水平现代化建设视阈下，浙江制度禀赋优势突出，产业经济的全球价值链嵌入度高，具备较高的对外开放水平。基于本节研究，本书模拟了"浙江基本实现高水平社会主义现代化建设目标"（见表 7-1），并围绕浙江单体基本实现高水平现代化的目标任务，研究廓清了浙江基本实现高水平现代化的举措。

总的目标任务是：根据浙江省委《关于制定浙江省国民经济和社会发展第十四个五年规划和二〇三五远景目标的建议》提出的浙江省争创社会主义现代化先行省的具体使命要求，即更加突出以人为核心的现代化，努力实现数字赋能现代化先行、产业体系现代化先行、科技创新现代化先行、农业农村现代化先行、对外开放现代化先行、省域治理现代化先行、文化建设现代化先行、生态文明现代化先行、公共服务现代化先行等，设计了 12 个现代化、35 项指标。

表 7-1　浙江基本实现高水平社会主义现代化建设目标

指标		单位	评价标准（阶段目标）				指标性质
一级指标	二级指标		2018 年	2022 年	2030 年	2035 年	
（一）产业现代化	1.单位建设用地生产总值	万元/亩	29.04	—	—	40	引领性
	2.人均 GDP	万元/人	9.86	12		20	引领性
	3.数字经济核心产业增加值占 GDP 的比例	％	9.87	—	—	12	引领性
	4.骨干企业装备数控化率	％	57.93	—	—	80	导向性
（二）科技现代化	5.全社会研究和发展（R&D）经费支出占 GDP 的比例	％	2.52	—	—	3.0	引领性
	6.基础研究经费支出占研发比例	％	2.76	—	—	12	赶超性
	7.科技进步贡献率	％	61.8	68	—	70	引领性
（三）开放现代化	8.实际利用外资占 GDP 比重	％	2.2	—	—	2.5	补短板
	9.对外直接投资占 GDP 比重	％	2.2	—	—	2.5	补短板
	10.自主品牌产品出口额占全省出口总额的比例	％	—	10	—	25	导向性

续　表

指标		单位	评价标准（阶段目标）				指标性质
一级指标	二级指标		2018 年	2022 年	2030 年	2035 年	
（四）农业农村现代化	11. 新型职业农民占乡村人口比重	%	—	1	—	2	预期性
	12. 创建乡村振兴精品村	个	—	1000	—	2800	导向性
（五）收入现代化	13. 城镇居民人均可支配收入	万元	5.56	7	—	10	引领性
	14. 农村居民人均可支配收入	万元	2.73	3.5	—	5.5	引领性
（六）消费现代化	15. 人均居民消费支出	元	29471	—	—	70000	引领性
	16. 网络零售额占社会消费品零售总额比例	%	66.8	—	—	85	引领性
	17. 重点领域主要消费品国际标准一致性程度	%	—	95（2020 年目标）	—	97	引领性
（七）政府治理现代化	18. 营商环境指数	—	78.53	—	—	85	引领性
	19. 在线服务成效度	%	79.1	—	—	90	引领性
	20. 清廉指数	分	88.5	88	90	91	约束性
	21. 政商亲清指数	—	84.7	86	89	90	导向性
（八）文化现代化	22. 人均文化事业费	元/人	105.06	—	—	180	赶超性
	23. 博物馆参观总人次	万人次	5077	—	—	10000	引领性
（九）教育现代化	24. 政府教育支出占 GDP 的比重	%	2.8	—	—	4.0	补短板
	25. 高等院校科研经费投入总额占 GDP 比重	%	0.11	—	—	0.4	补短板
	26. 高技能劳动者占就业人员比重	%	—	8	—	12	赶超性

续　表

指标		单位	评价标准（阶段目标）				指标性质
一级指标	二级指标		2018 年	2022 年	2030 年	2035 年	
（十）城市现代化	27. 城市智慧大脑服务面积覆盖率	%	—	30	—	60	引领性
	28. 未来社区数量	个	—	—	—	400	预期性
	29. 群众安全感满意率	%	96.84	—	—	97.5	引领性
（十一）卫生和健康现代化	30. 人均预期寿命	岁	78.77	79	79.5	80	预期性
	31. 国民体质监测合格率	%	92.9	91.8以上	94	95	引领性
	32. 全省智慧医疗覆盖率	%		80 以上		85	引领性
（十二）生态现代化	33. 单位 GDP 节能减排降碳	—	完成上级下达指标				约束性
	34. 城市环境空气 PM2.5 年均浓度（平均）	微克/立方米	33	35	—	25	约束性
	35. 省控断面Ⅲ类及以上水质断面占比	%	84.6	—	>90	90	约束性

注：①部分 2022 年、2030 年、2035 年数据来源于浙江省现行政策文件。部分指数征求发布单位建议预设。

②2035 年建设目标。借鉴发达国家、兄弟省份关于现代化建设的研究成果，与浙江省现代化建设阶段目标衔接，根据省级部门、高校专家的意见、建议，测算 2035 年建设目标。

③指标性质分为进程类和成果类。进程类指标主要分为引领性、赶超性、补短板、约束性。引领性指标，是指目前处于全国前列，并继续走在前列的指标；赶超性指标，是指目前低于兄弟省份或全国平均水平，通过"更进一步"的发展，有望走向前列的指标；补齐性指标，是指目前低于兄弟省份，通过"更快一步"的发展，能够达到平均水平的指标；约束性指标，是指现代化建设中，国家下达的指标。成果类指标主要分为预期性和引导性。预期性指标，是指预期取得该方面成果的指标；引导性指标是指引导取得该项成果的指标。

（2）浙江基本实现高水平现代化建设对策建议

浙江基本实现高水平现代化建设的举措，应坚持分类施策与协调推进相结合，分"双低"短板、"单低"追赶、"单低"进程、"双高"优势共四类，实施"四大工程"，即精准攻坚工程、合作共赢工程、提标追赶工程、超常规引领工程，协调推进建设"产业、教育基础牢靠，科技、城市、消费、文化、政府治理动力十足，全面开放共赢，收入分配合理，人民幸福健康，生态文明兴盛"的高水平现代化体系，全力打造现代化先行区。

第一，针对"双低"短板领域，实施精准攻坚工程。 针对"进程指数较低、追赶指数较低"的收入、教育、产业等领域，兼顾农业农村现代化，强化精准发力，加快奋进追赶。 力争到2035年，收入现代化的进程指数达到87％，追赶指数达到85％，教育现代化的进程指数达到95％，追赶指数达到85％，产业现代化的进程指数达到110％，追赶指数达到87％，努力建设成为高收入大省、高等教育强省、职业教育强省、数字中国标杆省、先进制造业强省。

①实施"增收创收"攻坚工程。 全面推进产业扶贫、精准脱贫，深入发展新型乡村经济，全面实施低收入农户高水平全面小康计划，决战决胜消除集体经济薄弱村。 深入实施乡村振兴战略，擦亮"千万工程"金名片，全面启动新时代美丽乡村达标行动。 加快打造山海协作升级版，加大对26个加快发展县的扶持力度。 深入实施创业富民行动、低收入家庭增收行动、企业减税降费行动，促进更高质量创业、更充分就业、更协调发展，促进城乡居民收入与企业收入、政府收入、经济增长基本同步。

②实施"现代产业"攻坚工程。 加快建设实体经济、科技创新、现代金融、人力资源协同发展的现代化产业体系，培育建设数字安防、新能源汽车等世界级先进制造业集群，前瞻布局人工智能、高端软件、集成电路设计等数字经济核心产业。 建设产业互联网平台、智能制造工程服务平台，全面推进经济数字化转型。 鼓励发展网络化协同、个性化定制、众包设计、服务型制造等新业态新模式。 整合提升各类产业园区，拓展"万亩千亿"大空间。 借鉴美国STEM（科学、科技、工程、数学）教育计划、德国"职业教育4.0"倡议，广泛开展义务教育优质均衡、高等教育科教融合、职业教育产教融合，加快建设大院名校集聚区、产教融合示范基地、数字化职教基地等。

第二，针对"单低"进程指数，实施合作共赢工程。 针对"静态进程指数相对较低"的开放现代化领域，主动化解贸易摩擦、单边主义、保护主义、产业空心化挑战，培育国际竞争和合作新优势。 力争到2035年，开放现代化进程指数达到100％，追赶指数达到95％，努力建设成为全球领先的高质量外资集聚地、新型贸易中心。

①实施"高质量引进来"合作共赢工程。 沿"一带一路"、长江经济带、长三角一体化区域等重要区域节点城市，面向外资、国资、民资，设立投资代表处、联络站。 鼓励在互联网、物联网、大数据、人工智能等新技术领域引进外资。 建设线上国际进口博览会、浙江进口商品展览会、跨境电商国际名品博览会，参与中国（上海）国际进口博览会。 支持建设国际产业合作园。 对照世界银行营商环境评价标准，对标新加坡、韩国、中国香港等先进国家和地区，打造国际一流营商环境。

②实施"高水平走出去"精准合作工程。 有序推进国际产能合作，推进"一带一路"系列站、境外经贸合作区和国际合作产业园建设。 借鉴美国出口管制、日本对外投资指导经验，针对关键核心技术、基础核心零部件、军工敏感领域，提升经济安全管理能力，防范"产业空心化"。 加快融入长三角一体化发展，深化义甬舟开放大通道建设。 支持民营企业直接投资参股、控股或全资收购境外企业，设立境外科技研发机构。

③实施"高效率贸易"精准合作工程。 着力降低贸易成本，加强贸易投资政策协调，促进服务贸易发展，促进跨境电子商务发展，推动进口贸易创新发展。 帮助更多中小企业获取数字技术，实现包容性贸易增长。 推进电子世界贸易平台（eWTP）全球化布局，推进舟山自由贸易港区江海联运数字服务平台建设。

第三，针对"极差"追赶指数，实施提标追赶工程。 针对动态追赶指数区间"极差较大"的文化、城市、生态现代化领域，拉高对标标准，努力争先进位。 力争到2035年，文化现代化的进程指数达到120％，追赶指数达到90％，城市现代化的进程指数达到100％，追赶指数达到85％，生态现代化的进程指数达到128％，追赶指数达到95％，努力建设成为文化发展先行省、美丽中国示范省、生态文明示范区、环保执法最严省、长三角世界级城市群一体化发展金南翼。

①实施"文化＋"提标追赶工程。 推动文化与产业、科技、旅游、贸易等高品位融合发展，推动文化事业全面繁荣和文化产业快速发展。 大力弘扬

红船精神、浙商精神、"最美浙江人"的精神，弘扬社会主义核心价值观。传承发展传统文化、"活态"文化、民俗文化。 建设特色新型智库，培育高端智库、专业智库、社会智库。 做强横店影视文化产业实验区、中国（浙江）影视产业国际合作实验区等平台。 发展网络视听、数字出版、数字教育、动漫游戏等新兴文化业态。

②实施"智慧城市"攻坚工程。 启动实施城市大脑、未来社区、智慧商圈等一批标志性项目。 支持杭州、宁波、衢州等地市打造城市大脑 2.0，提升交通、能源、治安、环保等领域的智能运营水平。 借鉴雄安新区"数字孪生城市"、加拿大 Quayside 未来社区建设经验，以人本化、生态化、数字化为价值导向，建设体现城市品质发展水平、满足居民现实需求、具备九大场景功能的未来社区。 借鉴日本六本木新城综合商圈建设经验，支持有条件的城市建设千亿级智慧商圈，满足医、养、文、游等中高端消费需求，扩大信息消费、体验消费、创意消费，推广新零售模式。

③实施"诗画浙江"提标追赶工程。 全面实施大花园建设行动计划，高标准创建全域旅游示范省，打造国家公园、美丽山水、美丽城乡、美丽河湖、美丽园区、美丽田园、美丽海岛，加快形成"一户一处景、一村一幅画、一镇一天地、一城一风光"的全域大美格局。 抓好"四条诗路"千万级核心景区建设，深掘唐诗文化底蕴，全力打造"养眼、养肺、养胃、养脑、养心"的"诗画浙江、美好家园"。 支持丽水、桐庐、永嘉、文成、丽水、仙居等地做好"中国长寿之乡"品牌，共建"全域长寿之乡"，打造健康养生福地。

④实施"生态红线"保护修复工程。 勘定生态保护红线，强化生态红线的管控与约束，严格考核问责，严守生物多样性维护、水源涵养、水土保持等生态保护红线。 以重点湿地、矿山、岸线、滩涂为重点，开展生态环境整治修复。 着力解决突出环境问题，务实抓好蓝天、碧水、净土、清废等四大攻坚行动，高标准打赢污染防治攻坚战、PM2.5 精准攻坚工程。 完善环境行政执法与司法协调联动机制，推进环境资源审判机构或审判团队建设，建立健全环境公益诉讼制度，坚决制止和惩处破坏生态环境行为。

第四，针对"双高"优势领域，实施超常规引领工程。 针对"静态进程指数高、动态追赶指数高"的科技、卫生等 2 个现代化领域，以及政府治理现代化领域，以超常规力度强化领先优势，努力在更高水平、更深层次、更广领域推进现代化建设。力争到2035年科技现代化进程指数达到130％，追赶指数达到95％，卫生现代化进程指数达到110％，追赶指数达到100％，在政府治理方面，率先打造成为创新型省份、"掌上办公"之省、"掌上办事"之省，在市场经济非公有制与人民健康层面，率先打造成为非公有制经济健康发展标杆省份、全民健康样板省。

①以超常规力度建设创新型省份。举全省之力建设以之江实验室为核心的杭州城西科创大走廊，规划建设G60科创走廊，加快建设国家自主创新示范区、环杭州湾高新技术产业带，布局建设二十国集团（G20）国际技术转移中心，建设一批国家产业创新中心、国家制造业创新中心、产业创新服务综合体。推进以大科学装置为重点的"国之重器"建设，促进超重力离心模拟与实验装置项目早日建成投入使用，在未来信息技术、空气动力学、生命科学等领域部署专用大科学装置和多学科平台型大科学装置。制定超常规的引才政策，对"第一资源"给予超常规的人才倾斜政策。

②以超常规力度提升全周期健康服务。以全周期增进人民健康福祉为目标，突出解决好新生儿、妇女儿童、老年人、残疾人、低收入人群等重点人群的健康问题。坚决落实医疗器械卫生、医疗设备安全、用电安全、消防安全、食品药品安全等规范管理，应用远程会诊、分级诊疗、在线预约、人工智能、纳米技术、3D打印等技术，强化医德医风建设、行业自律和医疗卫生领域失信治理。以"医药特色小镇、上市药企募投项目、浙江道地药材种植基地、新型卫生健康基础设施"为投资重点，不断扩大健康产业总规模。

③以超常规力度建设高效型政府。抓好数字政府建设重点，推进跨部门高效办公、跨层级高效流转，建设机构设置科学、职能定位准确、运行高效透明的现代政府。深化"最多跑一次"改革，建立大数据辅助科学决策和社会治理机制。加强政府立法，坚持依法行政。绘制政商交往正面清单和负面清单，构建亲清新型政商关系。准确把握新时代平安浙江建设的风险点和薄弱点，坚决打赢平安风险化解攻坚战。

参考文献

［1］张晓明，胡惠林，章建刚. 2011 年中国文化产业发展报告［M］. 北京：社会科学文献出版社，2011.

［2］阿瑟·莫尔，戴维·索南菲尔德. 世界范围的生态现代化——观点和关键争论［M］. 张鲲，译. 北京：商务印书馆，2011.

［3］埃里克·霍布斯鲍姆. 工业与帝国：英国的现代化历程［M］. 梅俊杰，译. 北京：中央编译出版社，2016.

［4］包国宪，保海旭，张国兴. 中国政府环境绩效治理体系的理论研究［J］. 中国软科学，2018（6）：181-192.

［5］薄贵利. 推进政府治理现代化［J］. 中国行政管理，2014（5）：52-57.

［6］曹俊杰，高峰. 工业化和城镇化背景下的农业现代化问题研究［M］. 北京：中国财政经济出版社，2013.

［7］陈宝生. 认真学习贯彻全国教育大会精神 开启加快教育现代化、建设教育强国新征程［J］. 人民教育，2018（19）：7-10.

［8］陈东，陈茂竹，付晓东. 城市化大系统内部结构的协调性研究——基于四大地域十二个省会城市的实证分析［J］. 城市问题，2008（6）：24-29.

［9］陈佳贵，黄群慧. 中国工业化与工业现代化问题研究［M］. 北京：经济管理出版社，2009.

［10］陈佳贵，黄群慧．工业发展、国情变化与经济现代化战略——中国成为
工业大国的国情分析［J］.中国社会科学，2005（4）：4-16.

［11］陈剑. 中国现代化研究［M］.北京：中国文史出版社，2006.

［12］陈晋文. 对外贸易政策与中国经济现代化［M］.北京：知识产权出版
社，2012.

［13］陈明华，仲崇阳，张晓萌. 中国人口老龄化的区域差异与极化趋势：
1995—2014［J］.数量经济技术经济研究，2018（10）：111-125.

［14］陈明明，任勇. 国家治理现代化：理念、制度与实践［M］.北京：中
央编译出版社，2016.

［15］陈锐，韩美兰. 老龄化背景下我国人口抚养比变化解析［J］.合作经济
与科技，2018（11）：160-162.

［16］陈学法. 江苏城乡收入差距缩小与农业现代化发展研究［M］.广州：
世界图书出版公司，2018.

［17］陈依元. 现代化、文化现代化、文化现代化指标体系［J］.福建论坛，
2000（10）：56-58.

［18］程美东. 现代化视野下的"中国梦"研究［M］.北京：北京交通大学
出版社，2015.

［19］程智强、程序. 农业现代化指标体系的设计［J］.农业技术经济，2003
（2）：1-4.

［20］褚宏启. 教育现代化的路径：现代教育导论［M］.北京：教育科学出
版社，2013.

［21］戴言. 制度建设与浙江公共文化服务［M］.杭州：浙江大学出版
社，2013.

［22］邓子云，陈磊，何庭钦，等. 发达国家用大数据实施政府治理现代化的
模式与借鉴［J］.经济体制改革，2017（5）：168-174.

［23］丁辉. 默克尔时代的大联合政府——德国"大联合国家"治理模式的衰
落［J］.经济社会体制比较，2018（5）：104-115.

［24］丁元竹. 社会治理现代化的探索［M］.北京：国家行政学院出版
社，2016.

［25］ 丁元竹. 治理现代化呼唤政府治理理论创新［J］. 国家行政学院学报，2017（3）:37-42,129.

［26］ 丁云龙，李雪松. 推进政府治理现代化的递进式实施路径［J］. 国家治理，2018（26）:2-10

［27］ 杜飞进. 中国的治理：国家治理现代化研究［M］. 北京：商务印书馆，2017.

［28］ 樊钉. 政府决策能力现代化［M］. 北京：国家行政学院出版社，2016.

［29］ 范柏乃，马庆国. 国际可持续发展理论综述［J］. 经济学动态，1998（8）:65-68.

［30］ 范柏乃. 范柏乃参政议政文集［M］. 北京：中国财政经济出版社，2016.

［31］ 方创琳. 改革开放30年来中国的城市化与城镇发展［J］. 经济地理，2009（1）：19-25.

［32］ 丰子义. 现代化的理论基础：马克思现代化社会发展理论研究［M］. 北京：北京大学出版社，1995.

［33］ 冯沪生. 产业结构在技术经济学研究中的地位［J］. 数量经济技术经济研究，1987（1）：59-61,43.

［34］ 冯增俊，董凌波. 珠江三角洲教育现代化研究［M］. 广州：广东高等教育出版社，2016.

［35］ 冯增俊，张运红，王振权，等. 教育现代化论［M］. 广州：广东高等教育出版社，2014.

［36］ 冯之浚，赵红洲. 现代化与科学学［M］. 北京：知识出版社，1985.

［37］ 富永健一. 日本的现代化与社会变迁［M］. 北京：商务印书馆，2004.

［38］ 甘犁，赵乃宝，孙永智. 收入不平等、流动性约束与中国家庭储蓄率［J］. 经济研究，2018（12）:34-50.

［39］ 高阳，孙政. 浙江医改抓住改革的重点——访浙江省卫生厅厅长杨敬［J］. 中国卫生人才，2013（7）:23-26.

［40］ 耿明斋. 中国农业现代化：困惑与探索［M］. 北京：社会科学文献出版社，2015.

[41] 顾明远.实现教育现代化的宏伟蓝图——学习贯彻《国家中长期教育改革和发展规划纲要》[J].北京师范大学学报（社会科学版）, 2010（5）:5-13.

[42] 郭传杰.创新文化与现代化 [J].科学与现代, 2009（9）:6-11.

[43] 郭丹丹,连嘉琪.推进地方治理现代化的路径分析 [J].中共山西省委党校学报, 2018（3）:77-80.

[44] 郭其友,芦丽静.经济持续增长动力的转变——消费主导型增长的国际经验与借鉴 [J].中山大学学报（社会科学版）, 2009（2）:190-197.

[45] 韩明谟,等.中国社会与现代化 [M].北京：中国社会出版社, 1998.

[46] 何爱国.中国式现代化：小康理论及其指标体系研究 [M].上海：上海财经大学出版社, 2011.

[47] 何传启.现代化科学：国家发达的科学原理 [M].北京：科学出版社, 2011.

[48] 何传启.现代化科学与现代化政策 [J].科学与现代化, 2013（3）:34-48.

[49] 何传启.中国现代化报告 2007——健康现代化研究 [M].北京：北京大学出版社, 2007.

[50] 何传启.中国现代化报告 2017——卫生和健康现代化研究 [M].北京：北京大学出版社, 2017.

[51] 何传启.中国现代化报告 2018——产业结构现代化研究 [M].北京：北京大学出版社, 2018.

[52] 何增科,曹轲,蓝云.粤治撷英：治理现代化的广东探索 [M].广州：南方日报出版社, 2017.

[53] 何增科.地方治理创新与地方治理现代化——以广东省为例 [J].公共管理学报, 2017（2）:1-13, 152.

[54] 赫尔穆特·沃尔曼,杨大群.在连贯和变革之间实现地方政府现代化——基于英国、瑞典、法国、德国、西班牙和匈牙利六国的跨国比较 [J].经济社会体制比较, 2008（6）:81-90.

［55］ 亨廷顿，罗荣渠.现代化:理论与历史经验的再探讨［M］.上海:上海译文出版社，1993.

［56］ 胡鞍钢，王洪川，鄢一龙.教育现代化目标与指标——兼谈"十三五"教育发展基本思路［J］.清华大学教育研究，2015（3）:21-26，47.

［57］ 胡鞍钢，等.中国如何成为世界科技创新强国（2015—2050）［J］.中国科学院院刊，2017（5）:474-482.

［58］ 胡书东.中国经济现代化透视：经验与未来［M］.上海:格致出版社，2010.

［59］ 胡序威.《中国城市化格局、过程、机理》简评［J］.地理学报，2009（4）:508.

［60］ 胡祖光.东方管理学［M］.杭州:浙江工商大学出版社，2019.

［61］ 黄国勤.农业现代化概论［M］.北京:中国农业出版社，2012.

［62］ 黄顺基.新科技革命与中国现代化［M］.广州:广东教育出版社，2007.

［63］ 黄新华.从干预型政府到规制型政府——建构面向国家治理现代化的政府与市场关系［J］.厦门大学学报（哲学社会科学版），2017（3）:78-88.

［64］ 吉尔伯特·罗兹曼.中国的现代化［M］.南京:江苏人民出版社，1988.

［65］ 吉尔伯特·罗兹曼.中国的现代化［M］.南京:江苏人民出版社，1995.

［66］ 江必新，程琥.国家治理现代化与依法执政［M］.北京:中国法制出版社，2016.

［67］ 江必新，鞠成伟.国家治理现代化比较研究［M］.北京:中国法制出版社，2016.

［68］ 江必新，王红霞.国家治理现代化与社会治理［M］.北京:中国法制出版社，2016.

［69］ 江必新.国家治理现代化比较研究［M］.北京:中国法制出版社，2017.

［70］ 江海燕. 全球化与教育现代化——以广东教育现代化为例 ［M］. 北京：社会科学文献出版社, 2013.

［71］ 金雪军, 张斌. 治理现代化：浙江探索 ［M］. 杭州：浙江大学出版社, 2016.

［72］ 蓝蔚青. 治理现代化的浙江探索 ［J］. 中国治理评论, 2015（1）：228-244.

［73］ 李海涛. 我国教育不平等评价指标体系的构建 ［D］. 厦门：厦门大学, 2006.

［74］ 李健民, 等. 上海科技现代化发展报告 ［J］. 科学学与科学技术管理, 2002（9）：65-66.

［75］ 李江帆. 产业结构高级化与第三产业现代化 ［J］. 中山大学学报（社会科学版）, 2005（4）：124-130, 144.

［76］ 李江帆. 第三产业与中国现代化建设的若干问题 ［J］. 宏观经济研究, 2001（10）：45-49.

［77］ 李启明. 建筑产业现代化导论 ［M］. 南京：东南大学出版社, 2017.

［78］ 李倩. 基层政府治理现代化 ［M］. 成都：西南交通大学出版社, 2018.

［79］ 李宗桂. 传统与现代之间. 中国文化现代化的哲学省思 ［M］. 北京：北京师范大学出版社, 2011.

［80］ 林丽英. 生态现代化理论剖析 ［J］. 理论与现代化, 2017（4）：48-53.

［81］ 林平, 郭继强, 费舒澜. 中国城乡综合基尼系数测算的一种新改进——基于间接洛伦茨曲线加总的视角 ［J］. 数量经济技术经济研究, 2013（11）：8-124.

［82］ 刘丹鹭. 经济服务化与劳动收入份额的改善 ［J］. 东南学术, 2018（6）：100-109.

［83］ 刘芳. 改革·创新·发展——中国特色社会主义现代化进程 ［M］. 北京：清华大学出版社, 2016.

［84］ 刘谟炎. 农业现代化——与工业化、城镇化同步发展研究 ［M］. 南昌：江西科学技术出版社, 2012.

［85］ 刘维奇, 郑玉刚. 技术变迁对城市化路径的作用机制研究 ［J］. 城市发

展研究, 2007（6）:26-36.

[86] 刘伟. 坚持新发展理念, 推动现代化经济体系建设——学习习近平新时代中国特色社会主义思想关于新发展理念的体会 [J]. 管理世界, 2017（12）:1-7.

[87] 刘旭, 唐华俊, 尹昌斌. 生态文明建设和农业现代化研究 [M]. 北京: 科学出版社, 2017.

[88] 刘志彪, 陈东, 等. 建设现代化经济体系研究 [M]. 北京: 中国财政经济出版社, 2018.

[89] 卢盛峰, 陈思霞, 时良彦. 走向收入平衡增长:中国转移支付系统"精准扶贫"了吗 [J]. 经济研究, 2018（11）:49-64.

[90] 路日亮. 现代化理论与中国现代化 [M]. 银川: 宁夏人民出版社, 2007.

[91] 罗伯特·海尔布罗纳, 等. 现代化理论研究 [M]. 俞新天, 等, 译, 北京: 华夏出版社, 1989.

[92] 罗纳德·英格尔哈特. 现代化与后现代化:43个国家的文化、经济与政治变迁 [M]. 严挺, 译. 北京: 社会科学文献出版社, 2013.

[93] 罗荣渠, 董正华. 东亚现代化:新模式与新经验 [M]. 北京: 北京大学出版社, 1997.

[94] 罗荣渠, 牛大勇. 中国现代化历程的探索 [M]. 北京: 北京大学出版社, 1992.

[95] 罗荣渠. 从"西化"到现代化:五四以来有关中国的文化趋向和发展道路论争文选 [M]. 合肥: 黄山书社, 2008.

[96] 罗荣渠. 现代化新论:世界与中国的现代化进程 [M]. 北京: 北京大学出版社, 1993.

[97] 罗荣渠. 现代化新论:世界与中国的现代化进程 [M]. 北京: 商务印书馆, 2004.

[98] 罗荣渠. 现代化新论:世界与中国的现代化进程 [M]. 北京: 商务印书馆, 2009.

[99] 罗荣渠. 从"西化"到现代化 [M]. 北京: 北京大学出版社, 1997.

[100] 罗宗毅. 国家治理现代化中的政府创新［M］. 北京：中共中央党校出版社，2018.

[101] 吕松涛. 西方生态现代化理论对科技创新的探讨及启示［N］. 中国社会科学报，2018-09-05（8）.

[102] 马爱霞，李勇，余伯阳. 我国中药产业现代化发展的实证研究——对我国中药产业现代化发展的评价［J］. 产业经济研究，2011（3）：88-94.

[103] 毛中根，孙豪. 中国省域经济增长模式评价：基于消费主导型指标体系的分析［J］. 统计研究，2015（9）：68-75.

[104] 孟召宜，马晓冬，殷薇. 我国区域文化现代化建设现状评价［J］. 江苏师范大学学报，2012（3）：57-61.

[105] 彭定赟，梁少华. 行业收入差距的形成、测算及其变化趋势研究［J］. 武汉理工大学学报（社会科学版），2018（3）：53-57.

[106] 彭志宏，等. 城市现代化模型的建立及实证分析［J］. 上海经济研究，2012（7）：102-110.

[107] 钱乘旦，杨豫，陈晓律，等. 世界现代化进程［M］. 南京：南京大学出版社，1997.

[108] 秦维强. 科技革命制度创新与城乡现代化研究［M］. 济南：山东科学技术出版社，2017.

[109] 邱春林. 中国共产党农村治理能力现代化研究［M］. 济南：山东人民出版社，2017.

[110] 任洁. 文化与国家治理现代化［M］. 杭州：浙江人民出版社，2015.

[111] 塞缪尔·亨廷顿，等. 现代化：理论与历史经验的再探讨［M］. 上海：上海译文出版社，1993.

[112] 桑朝阳. 《21世纪资本论》批判：论 r＞g 和收入分配不平等的关系［J］. 中国经济问题，2018（5）：3-10.

[113] 申琳燕，胡娟，佘洁楠. 中国对外开放度与 FDI 关系的实证研究［J］. 中国商贸，2012（32）：159-161.

[114] 省委党校教材编写组. 江苏基本实现现代化指标体系读本［M］. 南

京：江苏人民出版社，2012.

[115] 盛广耀. 城市化模式与资源环境的关系 [J]. 城市问题，2009（1）：11-17.

[116] 舒悦. 区域教育现代性增长研究：佛山市教育现代化实践探索 [M]. 广州：广东高等教育出版社，2013.

[117] 孙豪. 消费主导型大国. 特征、测度及政策 [J]. 社会科学，2015（10）：36-46.

[118] 孙夙鹏. 卫生现代化统计指标体系的构建与评价 [J]. 统计与决策，2016（9）：62-64.

[119] 孙忠良. 中国现代化模式的政治维度 [M]. 北京：九州出版社，2016.

[120] 谈松华，袁本涛. 教育现代化衡量指标问题的探讨 [J]. 清华大学教育研究，2001（1）：14-21.

[121] 佟成军. 消费环境对城镇居民消费增长影响的动态面板分析 [J]. 商业经济研究，2018（21）：34-36.

[122] 涂洪波，李崇光，孙剑. 我国农产品流通现代化水平的实证研究——基于 2009 年省域的数据 [J]. 北京工商大学学报（社会科学版），2013（1）：20-27.

[123] 王发明. 对外开放综合评价指标体系的基本框架：以杭州为例 [J]. 改革，2008（9）：51-57.

[124] 王宏斌. 生态现代化理论视域中的中国生态文明建设：一种规范性的探讨 [J]. 当代世界与社会主义，2014（2）：89-92.

[125] 王惠玲，徐小荣. 中国现代化发展新论 [M]. 昆明：云南民族出版社，2006.

[126] 王林辉，袁礼. 有偏型技术进步、产业结构变迁和中国要素收入分配格局 [J]. 经济研究，2018（11）：115-131.

[127] 王盛顺. 对外开放度与经济增长 [D]. 重庆：重庆大学，2011.

[128] 王小鲁，樊纲，马光荣. 中国分省企业经营环境指数 2017 年报告 [M]. 北京：社会科学文献出版社，2018.

[129] 王小鲁，樊纲，余静文. 中国分省份市场化指数报告（2016）[M].

北京：社会科学文献出版社,2017.

[130] 魏超群. 城市教育现代化的实践与探索［M］.上海：上海教育出版社,2013.

[131] 邬义钧. 我国产业结构优化升级的目标和效益评价方法［J］.中南财经政法大学学报，2006（6）:73-77.

[132] 吴国玺,何富忠. 区域城市化与生态环境耦合系统研究［J］.生态环境，2008（1）:407-410.

[133] 西里尔·E.布莱克. 比较现代化［M］.上海：上海译文出版社,1996.

[134] 奚建武. 农业现代化与城镇化协调发展［M］.上海：上海人民出版社,2014.

[135] 肖雯. 中国境外经贸合作区的发展研究［D］.杭州：浙江大学,2014.

[136] 辛岭,胡志全,崔奇峰. 农业现代化与新型城镇化研究［M］.北京：中国农业科学技术出版社,2016.

[137] 辛岭. 中国农业现代化发展水平研究［M］.北京：中国农业科学技术出版社,2014.

[138] 新华社. "十三五"规划纲要提出:推进教育现代化［J］.陕西教育（高教），2016（4）:26.

[139] 徐福祥. 中国文化现代化的实现路径探析［J］.大庆师范学院学报，2018（1）:2.

[140] 许耀桐. 中国国家治理体系现代化总论［M］.北京：国家行政学院出版社,2016.

[141] 叙悦. 区域教育现代性增长研究:佛山市教育现代化实践探索［M］.广州：广东高等教育出版社,2013.

[142] 宣晓伟. 迈向高收入:分工、分化与中国的现代化转型［M］.北京：中国发展出版社,2016.

[143] 颜晓峰. 社会主义现代化的文化之维［J］.东岳论坛，2018（10）:1.

[144] 燕芳敏. 现代化视域下的生态文明建设研究［M］.济南：山东人民出版社,2016.

［145］ 杨海蛟，程竹汝.国家治理现代化丛论［M］.上海：上海人民出版社，2017.

［146］ 杨竞业.文化现代化：从"自由的文化"到"文化的自由"［M］.武汉：武汉大学出版社，2012.

［147］ 杨沛霆.科技现代化［M］.北京：科学技术出版社，1998.

［148］ 杨小军，等.中国法治建设现代化［M］.北京：国家行政学院出版社，2016.

［149］ 杨永聪，申明浩.粤港澳大湾区对外开放水平的测度与比较［J］.城市观察，2017（6）：14-24.

［150］ 叶南客，李惠芬.城市文化现代化指标体系构建与发展水平实证评价——以南京为例［J］.金陵科技学院学报，2013（2）：1-6.

［151］ 叶裕民.中国城市化［M］.北京：商务印书馆，2002.

［152］ 殷陆君.人的现代化［M］.成都：四川人民出版社，1985.

［153］ 尤飞，钟鑫.农垦农业现代化研究［M］.北京：中国农业科学技术出版社，2015.

［154］ 余静芸.对我国经济增长的研究：来自人口老龄化因素［J］.财政科学，2018（6）：80-88.

［155］ 俞可平.论国家治理现代化［M］.修订版.北京：社会科学文献出版社，2015.

［156］ 俞可平.走向善治［J］.青海党的生活，2017（1）：53.

［157］ 俞可平.推进国家治理体系和治理能力现代化［J］.前线，2014（1）：5-8，13.

［158］ 俞可平.中国的治理改革（1978—2018）［J］.武汉大学学报（哲学社会科学版），2018（3）：48-59.

［159］ 俞可平.城市治理现代化与城市治理创新［M］.北京：中国社会出版社，2016.

［160］ 詹祥，许兴龙，杭化栋.苏南卫生现代化建设的实践与成效——以高淳区统筹城乡居民医疗保险改革为例［J］.中国集体经济，2014（12）：148-149.

［161］张炳林，宁攀．教育现代化内涵解读及推进策略研究［J］．数字教育，2017（6）：21-27．

［162］张波．建筑产业现代化概论［M］．北京：北京理工大学出版社，2016．

［163］张晨．政府治理现代化的热点、难点问题［J］．中国领导科学，2017（8）：77-78．

［164］张涵，王晓珊．地方政府治理现代化的路径探析［J］．当代经济，2017（14）：66-67．

［165］张惠．教育现代化监测评价指标发展新趋势［M］．北京：科学出版社，2017．

［166］张谨．中国文化现代化的矛盾分析及解决途径［J］．甘肃社会科学，2010（1）：76．

［167］张其仔．产业蓝皮书：中国产业竞争力报告（2018）［M］．北京：社会科学文献出版社，2018．

［168］章力丹，王菁彤．当代政府治理现代化研究［J］．商业经济，2017（8）：133-137．

［169］章文光．国家战略与政府治理现代化［M］．北京：中国经济出版社，2018．

［170］章友德．城市现代化指标体系研究［M］．北京：高等教育出版社，2006．

［171］赵建春．中国国家治理现代化研究［M］．北京：经济管理出版社，2017．

［172］赵云耕．政府治理现代化的"工匠"之道［J］．人民论坛，2017（6）：54-55．

［173］浙江通志编纂委员会．浙江通志盐业志：第47卷［M］．杭州：浙江人民出版社，2017．

［174］中共江苏省委党校教材编写组．江苏基本实现现代化指标体系读本［M］．南京：江苏人民出版社，2012．

［175］中国发达城市现代化评价指标体系研究课题组．中国发达城市现代化评价指标体系研究［J］．数据，2011（9）：66-68．

［176］ 中国科学院中国现代化研究中心编. 生态现代化：原理与方法［M］. 北京：中国环境科学出版社，2008.

［177］ 中国市长协会，《中国城市发展报告》编辑委员会.（2001—2002）中国城市发展报告［M］.北京：西苑出版社，2003.

［178］ 中国现代化研究论坛. 生态现代化：原理与方法［M］.北京：中国环境科学出版社，2008.

［179］ 中国现代化战略研究课题组，中国科学院中国现代化研究中心. 中国现代化报告2009文化现代化研究［M］.北京：北京大学出版社，2009.

［180］ 钟海帆. 互联网与国家治理现代化［M］. 北京：社会科学文献出版社，2015.

［181］ 周洁红，柴彭颐. 论我国农业产业化的指标、途径及其实现的关键问题［J］.农业经济问题，1998（12）：33-37.

［182］ 周茂，陆毅，李雨浓. 地区产业升级与劳动收入份额：基于合成工具变量的估计［J］.经济研究，2018（11）：132-147.

［183］ 周三胜. 辩证理解中国文化现代化的内涵［J］.理论与现代化，2005（3）：10.

［184］ 左凤荣. 俄罗斯：走向新型现代化之路［M］.北京：商务印书馆，2014.

［185］ 陈剑. 中国现代化研究［M］.北京：中国文史出版社，2006.

［186］ CHAO B, et al. Mutual optimization of water utilization structure and industrial structure in arid inland river basins of northwest China［J］. Journal of Geographical Sciences, 2006, 16（1）：87-98.

［187］ GORDON J C, et al. International Measurement of the Economic and Social Importance of Culture. OECD Statistics Working Papers, 2007, 36（Summer）. A1327.

［188］ KLAGES H, et. al. Obstacles to the Administrative Modernization Process in Germany［J］. International Public Management Journal, 1998, 1：165-176.

［189］ LEIBENATH M. Ecosystem Services and Neoliberal Governmentality-German Style ［J］. Land Use Policy, 2017, 64：307-316.

［190］ SCHWARZ H. Modernisation of Existing and New Construction of Power Plants in Germany. Results of An Optimisation Model ［J］. Energy Economics, 2005, 27：113-137.

［191］ SRAKAR A , et al. European cultural statistics in a comparative perspective. index of economic and social condition of culture for the EU countries ［J］. Journal of Cultural Economics, 2018, 42（2）：163-199.